AF340950

La Timidité vaincue
en 12 leçons

YORITOMO-TASHI

LA TIMIDITÉ
vaincue
en
12 Leçons

Traduit du japonais

Commenté par **B. DANGENNES**

ÉDITIONS NILSSON

7, RUE DE LILLE, 7

PARIS

AVANT-PROPOS

La doctrine du célèbre Yoritomo-Tashi a fait école.

L'Énergie en 12 leçons (1), *livre tiré des manuscrits qu'il nous a laissés, ayant obtenu un succès matériel et moral qui dépasse tout ce qu'on en avait attendu, c'est avec un grand plaisir que j'ai accepté la tâche de commenter à nouveau les maximes de ce philosophe, en les appliquant à la vie moderne.*

C'est un fin ciseleur de pensées que Yoritomo, et il a une profonde connaissance de l'âme humaine, dont il sait admirablement pénétrer et définir les différents états.

Il a aussi, sur tant d'autres philosophes, l'avantage de n'être pas un penseur disert et morne.

Ses sentences sont émaillées de paraboles dans lesquelles la poésie de l'Extrême-Orient éclate vibrante et colorée comme une estampe japonaise.

Et, supérieur en ceci à tant d'autres penseurs, il ne se contente pas de signaler le mal ; il en analyse les causes et, à côté de la déformation morale, indique la formule du remède qui doit amener le redressement.

(1) Éditions Nilsson, 7, rue de Lille.

Aussi est-ce avec une grande joie que j'ai revu le petit Musée de province où gisent ces merveilleux manuscrits.

Comme dans le conte de la Belle au Bois dormant, le gardien semblait sommeiller depuis ma dernière visite : autour de lui, les animaux empaillés dans des attitudes rappelant leurs habitudes favorites semblaient à peine plus immobiles que lui (1). Seule la grosse horloge, s'encastrant dans le mur du fond de la salle, mettait la vie de sa pulsation rapide et bruyante dans ce domaine du silence et de l'oubli.

Je pénétrai, comme en un sanctuaire, dans la petite salle des manuscrits où, n'était la vigilance de la femme du gardien, j'aurais pu retrouver la trace de mes pas.

Nul visiteur ne l'avait effacée depuis l'année dernière.

C'est au moins ce que me déclara ce brave homme en atteignant les feuillets, couverts de l'écriture de mon ami le commandant B., traducteur de Yoritomo.

J'étais venue sans idée arrêtée ; dans mes souvenirs s'étaient inscrits des conseils, des sentences, des déductions et des symboles que j'aimais à retrouver, m'émerveillant de la faculté du psychologue qui savait tour à tour traiter, d'une façon si magistrale, tant de sujets divers.

Et comme, devant l'étalage de bijoux précieux, tous de même valeur, mais de formes variant à l'infini, on hésite, séduit toujours par le dernier qui se présente, je me demandai longtemps à quelle partie de ces écrits j'allais m'attacher particulièrement.

Car Yoritomo n'est pas un de ces spécialistes intellectuels qui s'adonnent seulement à la guérison de certaines maladies de l'âme.

Sa pensée s'élargit jusqu'à fouiller toutes les déviations, tout en célébrant les vertus qu'il faut acquérir pour marcher

______
(1) Voir *l'Énergie en 12 leçons*, B. DANGENNES. Éditions Nilsson.

à la conquête de cette sagesse qui est une des formes les plus heureuses de l'Harmonie, d'où découle le Bonheur.

Or, que recherche-t-on dans la vie, sinon la possession de ce bonheur qui, pour chacun de nous, adopte un aspect différent?

Cependant il est des conditions essentielles qu'il est nécessaire d'observer pour parvenir à cet état enviable.

Il est aussi des écueils qu'il est nécessaire d'éviter.

Il est, enfin, des défauts qu'il faut combattre et extirper de nous-mêmes avec la même énergie que nous mettrions à nous débarrasser d'un ennemi.

De ce nombre, dit Yoritomo-Tashi, est « la Timidité », que tant de gens à l'esprit sans envergure ont le tort de traiter avec une indulgence qui les porte à apprécier ce qu'ils devraient blâmer de toutes leurs forces.

Et dans notre siècle d'évolution rapide et d'émulation acharnée, il m'a semblé d'un haut intérêt de transcrire les maximes et les conseils que Yoritomo donnait il y a quelques cents ans et dont la puissance et la vérité n'ont fait, avec les années, que se confirmer et s'affirmer magnifiquement.

B. D.

Première Leçon

Une fausse vertu.

« Le grand tort de certains éducateurs, dit Yoritomo-Tashi, est de prôner la modestie en réservant à la timidité les trésors de leur indulgence.

« Cette fausse vertu, même si elle est accompagnée de qualités sérieuses, deviendra toujours un obstacle à la marche vers le Mieux, qui doit être notre but à tous.

« La défiance de nous-mêmes, source de la timidité, découle toujours d'un doute en nos propres forces et ne peut que nous diminuer en nous empêchant de donner à nos pensées et à leur réalisation l'essor qui les ennoblit. »

Il y a mille formes de timidité, les unes naturelles, en quelque sorte physiques ; d'autres, et ce sont les plus fréquentes, qui naissent d'un état moral que notre faiblesse ne sait pas combattre.

« La timidité, dit le vieux Nippon, prend généralement ses sources dans maints sentiments qui sont rarement élevés :

« La perte ou la défaillance de la volonté sont les causes les plus fréquentes des accès de timidité.

« L'amour-propre excessif en est une autre.

« La crainte de déplaire ou de ne pas briller suffisamment.

« Le sentiment d'une gaucherie qui s'accroît sous les regards des étrangers.

« Le manque d'énergie qui ne permet pas l'effort nécessaire à la concentration, si bien que les pensées arrivent en désordre, sans pouvoir se ranger à l'appel de la volonté.

« La paresse de s'exercer à faire éclore l'Idée lente à naître et qu'on a conscience de ne pouvoir formuler que trop tard.

« La difficulté d'examen qui fait qu'on demeure hésitant sur la nature de ses désirs.

« Et par-dessus tout la certitude — une certitude dont on devient l'esclave — que les mots trop lentement assemblés ne viendront qu'imparfaitement commenter une pensée qu'on n'a pas su rendre nette.

« Il y a, dit plus loin Yoritomo, une autre forme de timidité qu'on appelle la gaucherie : celle-ci est généralement produite par une croyance exagérée en son importance, qui fait qu'on s'imagine sentir tous les yeux fixés sur soi. »

Le timide est un sensitif : tel événement qui, pour un autre, passerait inaperçu, a sa répercussion dans tout son être.

Une froideur apparente, un regard qui ne lui semble pas sympathique le blesse, et ceci d'autant plus fort que son défaut l'isole, tout en développant en lui une grande perspicacité.

Mais comme ces observations sont basées sur des indices et non sur des faits, comme ces jugements sont édifiés sur des détails longuement commentés, mais partant souvent d'une donnée fausse, il arrive que le timide se prépare bien des souffrances inutiles, dont la confidence surprendrait fort les gens de raison pondérée.

« On pourrait, dit le philosophe, comparer la timidité à un verre grossissant qui souligne et centuple la taille des infiniment petits, mais qui, n'embrassant qu'un étroit espace, ne permettrait de voir qu'une faible partie des choses essentielles. »

Il est indéniable que la timidité enlève tous les moyens à ceux dont elle anéantit la volonté.

Ceux qui en souffrent particulièrement sont ceux que tenaille l'idée des railleries.

« Ce genre de timidité est, du reste, un des moins intéressants, dit encore Yoritomo, car il prend sa source dans un amour-propre exagéré et dans l'appréhension de ne pas briller suffisamment.

« Cette crainte chez les timides, qui sont toujours des gens dont l'esprit ne peut pas porter une idée pendant le temps nécessaire pour la mûrir, détermine presque toujours un balbutiement fâcheux, et cette difficulté de la parole contribue encore à augmenter leur trouble.

« Dans cet état, leur amour-propre, violemment contrarié par le sentiment de leur infériorité, les aveugle, ils perdent contenance et commettent toutes les gaucheries qu'ils redoutaient et qui les rendent parfaitement ridicules.

« J'avais, ajoute le vieux Shogun, un jeune voisin auquel la situation de son père donnait accès dans les assemblées les plus brillantes.

« Il y était célèbre par sa gaucherie et ses maladresses :

« Lui offrait-on une tasse de thé, il la saisissait de telle façon qu'il en répandait le contenu sur ses vêtements, et cet incident le faisait tomber dans une confusion plus terrible encore.

« Pendant les repas, il manœuvrait si mal ses baguettes qu'il n'arrivait à saisir que quelques grains de riz et restait avec son bol aux trois quarts plein, lorsque tout le monde avait depuis longtemps épuisé le sien.

« Devait-il saluer ? Il s'avançait, rouge, hésitant, sans paraître rien voir autour de lui, heurtant les objets qu'il rencontrait sur son passage, trébuchant dans les interstices des nattes, enfin faisant la figure la plus désavantageuse qui se puisse voir.

« Or son père ayant appris, qu'avec le commandement des armées, l'étude des maladies de l'âme avait occupé ma vie, vint me trouver un jour, me demandant s'il m'agréait de m'intéresser à son fils et de chercher à le guérir, car cette timidité outrée leur devenait à tous deux un véritable fardeau.

« Il m'était arrivé souvent, à travers la haie de bambous qui séparait nos deux jardins, d'apercevoir le jeune homme et j'avais été frappé de l'aisance de ses mouvements, en opposition avec son embarras habituel.

« J'en avais immédiatement conclu que, puisque sa gaucherie ne se manifestait qu'en public, c'est qu'il appartenait à cette catégorie de timides qu'on pourrait surtout désigner sous le nom de présomptueux, car la base principale de leur embarras et de leur manque de naturèl réside dans la conviction qu'ils captivent l'attention d'autrui au point que tout le monde se préoccupe de leur moindre geste.

« J'adoptai donc l'attitude qui me semblait la plus propice à l'éclaircissement de mes doutes.

« — C'est là votre fils ? dis-je au père.

« — Mais vous le connaissez déjà !

« — J'avoue que je ne l'avais pas remarqué.

« — Hélas ! se peut-il ! Vous étiez pourtant chez notre ami le Samouraï Long-Ho hier et vous avez dû être témoin du ridicule dont il s'est couvert.

« — Comment cela ?

« — Ne vous souvenez-vous pas ? Au moment d'effectuer son grand salut de présentatiou, il a balbutié, s'est détourné comme pour se dérober, s'est embarrassé dans les plis d'un tapis et, pour s'éviter une chute, s'est raccroché à une table chargée de porcelaines... la table s'est écroulée avec fracas, pendant que mon malheureux fils s'enfuyait affolé.

« — En effet, dis-je d'un air distrait, je me souviens de ce petit incident, mais je crois que vous y attachez trop d'importance, car, mes amis et moi, captivés par une discussion intéressante, nous l'avons à peine remarqué et nous ne nous sommes aucunement préoccupés de celui qui l'avait causé.

« Le front du jeune homme s'éclaira. Je ne m'étais pas

trompé. Il appartenait bien à la catégorie des timides dans laquelle je l'avais classé.

« J'entrepris donc, avant tout, de lui faire, en quelque sorte, dépouiller sa personnalité. Je le présentai dans des assemblées comme un disciple obscur ; si bien que se sentant anonyme, il perdit peu à peu le sentiment des responsabilités qu'il s'exagérait.

« Rassuré par l'idée que les bévues commises n'atteindraient pas la réputation du daïmo (1) qu'il était, il en vint peu à peu à retrouver en public l'aisance de ses gestes ; l'étudiant inconnu qu'il était devenu, ayant la conviction de passer inaperçu parmi les philosophes dont nous faisions notre société ordinaire, en vint, au bout de quelques mois, à reconquérir le sang-froid que la vue du monde lui faisait perdre jadis, et lorsque je le rendis à son père, j'avais si bien façonné son esprit, qu'il s'était fermé à cet amour-propre ridicule qui, en lui donnant la conviction qu'il était le point de mire de tous, le rendait hésitant et frappé de stupeur. »

Le seul genre de timidité pour lequel Yoritomo n'ait point de sévérités trop grandes est ce qu'il appelle « l'excès de défiance en soi-même ».

Il la définit ainsi :

« Ce genre de timidité est le seul qui ne naisse point du heurt d'influences blâmables.

« Ce n'en est pas moins une tare puisque c'est une faute contre l'énergie ; mais l'origine de son point de départ est exempte de toute bassesse.

« A cette catégorie appartiennent : les gens qui ont conscience de leur laideur ou de leur infirmité ; ceux qui se rendent compte de leur peu de valeur et manquent d'énergie pour en acquérir ; en un mot, tous ceux qui, se sentant, vis-à-vis des autres, dans un état d'infériorité réelle ou imaginaire,

____

(1) Seigneur.

manquent de la volonté indispensable pour modifier cet état de choses.

« Pourtant il est rare que tous ces timides restent dignes d'intérêt. Les disgraciés, les incapables supportent rarement leur sort sans amertume ; cette fausse vertu, la timidité, dégénère vite en antipathie déclarée contre tout ce qui leur porte ombrage. »

Et, dans sa bonhomie pratique et combattive, il ajoute :

« Les timides qui échappent à cette loi, ceux qui vivent leur vie entière sans ressentir de haine contre ce qui leur est supérieur, sont des créatures d'élite, à coup sûr, ce sont peut-être des saints, mais ce ne sont pas ceux qu'on doit citer en exemple, car la marche vers le Mieux, qui doit être le thème éternel de tout progrès, veut des hommes d'action avant tout.

« Une autre variété de timides sont ceux qu'un besoin méconnu de sympathie fait se replier sur eux-mêmes, au point de se trouver étrangers au milieu de tous.

« Mais cette timidité conserve rarement la pureté de ses débuts. Il s'y greffe très vite l'orgueil de la solitude et la conviction secrète d'une supériorité à laquelle le timide attribue l'éloignement des autres.

« La meilleure preuve de cette tendance est la disparition de cet embarras, lorsque celui qui en est affligé se trouve vis-à-vis de ceux qui ne sont pas ses pairs.

« Avec les inférieurs, il redevient naturel, affable même, et devant ses maîtres sa gaucherie farouche se mue en une très louable réserve. »

Ces remarques, si profondément judicieuses, seront vraies éternellement.

Pourtant, et voici ce qui démontre encore que la timidité est une vraie déformation, quelle qu'en soit l'origine : Dans le cas qui nous préoccupe, ces causes produisent des effets contraires à la logique.

Il n'est pas rationnel que l'égalité intellectuelle soit un obstacle à la sympathie.

Et nous voyons, cependant, que l'accord se produit plus facilement avec ceux d'un niveau différent.

Donc, le timide « par défiance de soi » est un anormal aussi, puisque la sympathie, qui engendre l'effusion, mouvement de l'âme entièrement opposé à la timidité, se produit chez lui dans des conditions où, dans les âmes bien équilibrées, elle devrait hésiter davantage à se manifester.

« Le respect humain immodéré est encore une cause fréquente de timidité », dit le vieux Japonais, qui fleurit cette maxime de l'anecdote suivante :

« Nous discutions un jour, en grand conseil, une question diplomatique très controversée.

« Nos partisans redoutaient surtout un de nos adversaires, Long-Shu, homme d'un grand mérite, quoiqu'il fût affligé de timidité.

« Aussi étions-nous fort inquiets lorsqu'il prit la parole. Mais, à ce moment, son voisin le plus proche se penchant à son oreille l'avisa d'une incorrection dans un détail de sa toilette.

« Ce fut une déroute.

« Long-Shu perdit aussitôt son aisance; la crainte du ridicule, si forte chez tous les timides, s'éveilla en lui, il balbutia; puis les sourires qu'il crut lire dans les yeux de l'auditoire achevant de le déconcerter, il quitta la place après quelques phrases embarrassées, désertant ainsi une cause qu'il aurait peut-être gagnée, si un respect humain excessif ne lui avait montré comme une faute une chose qui avait passé inaperçue, au point que bon nombre d'entre nous ont accusé son voisin d'avoir à plaisir provoqué son embarras.

« La timidité est presque toujours aussi le résultat du désordre dans les sentiments, car elle naît souvent du doute que l'on ressent, à propos de la sympathie qu'on voudrait susciter.

« Et pourtant, le timide fuit les épanchements; s'ils viennent à lui, il les évite, tout en souffrant de ne pouvoir surmonter l'embarras qui met un obstacle à cette familiarité.

« Il la désire secrètement et ne peut se résoudre à affronter le trouble physique que lui causera la conscience de ce trouble même.

« Sur quoi ce trouble serait-il basé, sinon sur la contradiction du désir avec la conviction de n'être pas capable de l'effort qui le réalise ? »

Nous trouvons quelques pages plus loin une anecdote bien savoureuse, d'où Yoritomo tire une comparaison imagée (c'est le mot) de l'état d'esprit du timide.

« Il y avait, dit-il, un homme qui était très expert en l'art de la peinture. Nul n'excellait comme lui à rendre sur le papier léger les envols de grands oiseaux et nul ne savait mieux que lui donner l'illusion des plantes qui flottent sur les eaux mornes, comme des visages de noyés frappés de lumière.

« Or, un jour, cet homme voulut, pour servir d'illustration à une histoire de magie, représenter une image horrifiante.

« Il commença en se jouant une de ces têtes d'épouvante qu'on ne trouve que dans les plus sombres cauchemars, puis dota son personnage d'attributs terribles.

« Quelques jours plus tard, rentrant chez lui à la nuit tombante, il fut glacé d'effroi à la vue de cette vision qu'il avait créée et, quoi qu'il fît pour le combattre, ce sentiment s'accrut jusqu'au jour où il fit porter le tableau hors de chez lui.

« Le timide est l'image de cet homme.

« Il exagère et il aggrave des sujets d'inquiétude que son imagination seule a créés : dans un sourire, il voit de l'ironie ; dans l'impassibilité, du mépris.

« Dans chaque geste d'autrui, il croit voir un commentaire fâcheux, et les paroles louangeuses sont redoutées de lui, à l'égal des critiques, car s'il souffre violemment des unes, il appréhende les autres, qui, en le mettant dans la nécessité d'y répondre, le jettent dans un trouble douloureux.

« Un des supplices du timide est l'appréhension : c'est la

crainte perpétuelle de se sentir inférieur, celle d'attirer les railleries ; et comme les plus minces circonstances de la vie l'effarent, il finit par rechercher la solitude, évitant ainsi de se trouver aux prises avec les moindres manifestations extérieures.

« Une des principales souffrances du timide, dit Yoritomo, est la rougeur qui, à propos de futilités, envahit à tout moment son visage, le désignant ainsi à l'attention qu'il redoute.

« Car l'esprit timoré du timide le faisant tributaire de l'opinion des autres, il en vient facilement à craindre qu'on ne puisse faire un rapprochement entre cette rougeur et l'objet dont on parlait au moment où elle est survenue.

« S'il s'agit d'une personne, l'obsession devient plus forte encore, et, l'appréhension aidant, il leur devient impossible d'entendre prononcer le nom de cette personne sans sentir de chaudes bouffées, accompagnées de violente coloration, monter à leur visage.

« Et le souvenir de l'angoisse éprouvée ne fera qu'accroître cette propension, dont la fréquence devient un véritable tourment.

« D'autant plus que la timidité ne va pas sans une infinie délicatesse de sensations, qui est le fruit de l'analyse constante de soi-même dans la solitude morale.

« Cette faculté de concentration, si précieuse habituellement, mais si funeste chez les timides qu'elle laisse aux prises avec leur chimère, redouble leur supplice.

« Elle les invite à perdre contenance, d'autant plus qu'ils pressentent, mieux que ceux qui sont doués d'aplomb, l'hostilité ou l'indifférence des autres.

« Nous avons vu, du reste, qu'ils sont prompts à faire dégénérer cette indifférence en hostilité et l'hostilité en persécution. »

De tout ceci il résulte une conclusion certaine. Yoritomo dit vrai : la modestie excessive est bien réellement une fausse vertu puisqu'elle prend ses sources dans la vanité, l'égoïsme et le manque d'énergie.

Or, d'accord avec lui, nous avons écrit, dans un livre précédent, cette phrase qu'on ne saurait trop répéter :

« L'Énergie est le but suprême des choses, et le monde est aux énergiques. »

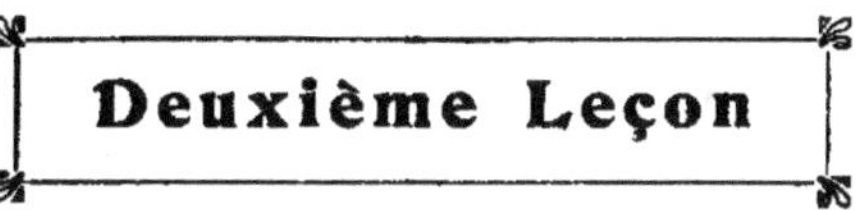

Deuxième Leçon

Comment on empêche l'éclosion de la timidité.

« Lorsque j'étais un des fervents disciples de Lang-Ho, le
célèbre guérisseur d'âmes, mon maître, dit Yoritomo, me
prit un jour avec lui et m'emmena dans la campagne.

« Nous pénétrâmes dans un jardin splendide où un grand
arboriculteur faisait, par ses soins éclairés, naître et grandir
les arbres, dont les fruits magnifiques devaient être uni-
quement servis aux repas du fils du Ciel qui gouverne l'Empire du Milieu.

« Là tout était fait pour séduire la vue, l'odorat et exciter
la convoitise.

« De grands arbres secouaient, vers la terre, leur cascade
de fruits ; d'autres fruits, comme des pompons d'or, s'éta-
geaient le long des branches ; quelques-uns, au milieu de la
verdure, éclataient tels de gros cabochons.

« Je ne pouvais me lasser de les admirer et Lang-Ho me
les faisait remarquer avec complaisance.

« Puis, il conduisit mes pas vers un autre enclos ; là les
soins de l'homme étaient pour bien peu de chose dans la
culture. Les branches s'élançaient de tous côtés porteuses
de fruits qui disparaissaient en partie sous les épais rameaux.

« — Vois, mon fils, dit mon maître : ces deux jardins sont
l'image de la vie ; dans le premier les fruits, patiemment
cultivés, exposés comme il convient pour leur plus désirable

développement et dégagés des feuilles qui leur cachent le soleil, mûrissent et deviennent parfaits, comme doivent l'être les hommes qu'une patiente culture a dégagés des préjugés obscurs et mis en valeur en leur donnant l'orientation que leurs esprits réclament.

« Mais dans ce verger où tout est laissé aux soins de la nature, les fruits seuls qui, par leur énergique poussée, ont su se dégager de leur prison verdoyante, sont viables et sains. Quelques-uns d'entre eux, même, sont magnifiques, mais tous ceux qui n'ont pas eu la force de percer leur abri de verdure resteront chétifs et sans couleur ; parmi eux, bon nombre s'étioleront et la plupart des autres pourriront sur leur tige sans avoir tenté l'effort vers la lumière et le chaud soleil.

« C'est là le sort réservé aux timides. Ils verront passer les jours, repliés sur eux-mêmes et distants de la belle harmonie, créatrice du bonheur.

« O mon fils, ajouta-t-il, puisque telle est ta vocation de devenir un meneur d'âmes, en même temps qu'un guerrier, retiens cette leçon et songe que la timidité peut annihiler les dons les plus précieux. Elle les empêche de briser la forteresse de fausse honte qui les entoure, comme ces frondaisons dissimulent et étouffent certains fruits que nous voyons ici. »

Comme je l'ai dit dans l'avant-propos de ce livre, Yoritomo ne se contente pas de désigner le mal et d'en décrire minutieusement les causes, il s'efforce surtout à en obtenir la guérison.

Nous l'avons vu, dans un chapitre précédent, appliquer le résultat de ses observations à un cas de timidité dont il avait découvert le germe et trouver ainsi le moyen de vaincre l'ennemi qu'il avait su débusquer.

Mais son rêve est plus vaste :

« Soulager les maladies morales, dit-il, c'est bien, mais les empêcher de se produire, c'est mieux. »

Et, suivant son penchant pour la parabole, il ajoute :

« Il est bon, certainement, de redresser une plante que le vent a inclinée, mais il aurait été préférable de combattre cette propension, en la plaçant dans un endroit plus abrité, ou en la munissant, dès son éclosion, d'un tuteur qui lui eût permis de s'élancer, droite et souple, sans crainte de déviation. »

« La timidité, ajoute-t-il, est rarement naturelle. Elle ne naît chez les enfants que lorsqu'une éducation maladroite les a rendus farouches et défiants de leur propre mérite.

« Est-ce que les animaux qui ignorent le contact de l'homme redoutent son approche ?

« Ils ne deviennent craintifs et sauvages que lorsque l'expérience leur a démontré que ces hommes les pourchassent et désirent les capter ou les détruire.

« De même, l'enfant ne naît pas « timide. »

Nous avons dit, dans un volume intitulé *la Volonté* (1), combien il était nécessaire d'en jeter les semences dans l'âme de l'enfant, dès les premiers mois de sa vie, avant même qu'il pût débrouiller le chaos des sensations et des impressions extérieures.

Ceci pourrait presque, d'après la doctrine du shogun, se répéter au sujet de la timidité.

D'après lui, le rôle des éducateurs est primordial et il dépend d'eux d'empêcher l'éclosion de cette tare.

« Dès le plus jeune âge, dit-il, il est bon de donner à l'enfant le sentiment des responsabilités et de lui inculquer l'orgueil de sa personnalité.

« Bien entendu, il ne s'agit pas de laisser naître dans son esprit un sentiment erroné de supériorité qui, dans la suite, le rendrait vaniteux à tort.

« Il faut, au contraire, savoir largement faire la part des choses qui lui sont accessibles et lui enseigner à les envisager.

---

(1) *La Volonté*, BERTHE DANGENNES. Éditions Nilsson, 7, rue de Lille.

« S'il est indispensable de le guider dans ses résolutions, si puériles qu'elles puissent être, il serait maladroit de les lui dicter. L'enfant doit être, très jeune, habitué à l'idée de se diriger, sans compter exclusivement sur une influence supérieure.

« La plupart des timidités natives ne viennent que de la trop grande habitude de ne rien résoudre sans y être amené par l'appui d'une volonté étrangère. Mais si la sollicitude exagérée produit de fâcheux résultats, la sévérité atteint parfois ce même but, si peu désirable.

« Un enfant qui tremble devant ses parents et ses professeurs, commence la vie dans des conditions d'infériorité évidente. Le souci de ne pas s'attirer des réprimandes, qu'il ne prévoit souvent pas, le rend inquiet et ombrageux. A force d'entendre blâmer ses actes, il finit par prendre défiance de lui-même. Cette rigueur dont il ne perçoit qu'imparfaitement les causes finit par lui sembler s'exercer sans motifs et s'il ne devient pas rebelle, il est un candidat certain à la timidité ennemie de tout effort vers le mieux.

« Si la confiance s'épanouissait dans les âmes enfantines, dit Yoritomo, la timidité tendrait à disparaître. »

En effet, ce qu'il faut redouter chez l'enfant, c'est le sentiment qui l'invite à se replier sur lui-même et à éviter de se livrer dans la crainte de n'être pas compris.

« C'est un grand tort, nous démontre-t-il, de ne point paraître prendre au sérieux les questions puériles que les petits adressent si volontiers à tout propos.

« Ne pas leur répondre, ou le faire d'une façon négligente, c'est leur donner conscience de la fragilité de leur esprit et de leur peu de valeur morale.

« Faut-il s'étonner que, chez quelques natures timorées, le sentiment de ce peu d'importance s'exagère au point de leur faire douter d'elles-mêmes, et, partant de là, de leur interdire tout acte qui pourrait passer pour une initiative.

« Il est indispensable, au contraire, de se familiariser avec les enfants, au point que le niveau de l'âge disparaisse à leurs yeux et que le sentiment de hiérarchie ne représente pour eux qu'une protection bienveillante, apte à les soutenir et à provoquer les marques de confiance et les confidences, d'où découleront des conseils et non des réprimandes.

« Les bourgeons s'ouvrent doucement à la tiédeur du printemps, mais se referment et se dessèchent aux vents glacés ou brûlants des saisons contraires. »

« Une chose est capitale, pour empêcher la formation et le développement de la timidité chez les êtres jeunes : il faut leur laisser toute latitude et même leur créer l'obligation de prendre des résolutions. »

« Une phrase tombe trop souvent des lèvres des éducateurs : « Les enfants ne doivent pas donner leur avis. »

« Certes il est malséant de voir un bambin trancher sur toutes choses, mais il est funeste de lui interdire de juger.

« C'est au professeur adroit, aux parents sages à faire comprendre à l'enfant quelle doit être la réserve de son attitude, réserve qui, cependant, ne doit s'étendre qu'à de certaines limites, car il est indispensable, au contraire, d'exercer l'écolier à se former une opinion sur les sujets qui sont à la portée de son âge.

« Il est bon que les grandes personnes en discutent avec lui, ne serait-ce que pour l'aider à formuler son jugement et pour le familiariser avec l'idée de son importance relative.

« Ces discussions auront encore l'avantage d'exercer l'enfant à exprimer sa pensée dans des termes clairs ; car, au cours de ces causeries, le maître devra veiller soigneusement à ce que l'enfant ne se contente pas de se faire comprendre de lui, dans un langage vulgaire et dénué d'élégance.

« Il devra le reprendre lorsqu'il emploie une expression qui n'est pas entièrement juste et l'aider à trouver celle qui s'applique exactement à l'idée qu'il veut émettre.

« Il lui apprendra ainsi à éviter la répétition trop fréquente des mots, en même temps qu'il lui donnera l'habitude de mûrir, un sujet sans fatigue aucune.

« Il s'appliquera surtout à réprimer tout balbutiement, toute hésitation de parole qui proviennent généralement du manque de fixité dans les idées.

« Si un mot semble difficile à prononcer à l'enfant, le maître devra le lui faire répéter lentement et l'habituer à le redire souvent.

« Certaines syllabes sont souvent défectueuses dans la bouche des enfants; il faut, dès la prime jeunesse, s'attacher à vaincre ces petits défauts par tous les moyens que la science nous offre.

« Il faut, du reste, reconnaître que ces petites défectuosités sont souvent dues tout simplement à la paresse de l'enfant et à la négligence des parents qui ne se sont pas émus de leur apparition. »

On ne doit pas perdre de vue qu'au nombre des moyens de réussite les plus puissants, il faut surtout compter l'éloquence.

Beaucoup de cas de timidité invétérée n'ont, en effet, pas d'autre origine que l'embarras de l'élocution.

Les gens qui n'ont pas été habitués tout jeunes à s'exprimer clairement, ceux dont les idées fugitives ne se présentent pas sous une forme claire, sont paralysés par la difficulté de les exprimer; ils se sentent en infériorité d'arguments et de parole; les idées, mal formées, éclosent sur leurs lèvres en phrases avortées, et leur embarras s'accroît à mesure qu'ils sentent l'impossibilité de les exprimer.

De là vient souvent une hésitation qui dégénère en balbutiement fâcheux.

Celui qui se sait enclin à ce défaut, s'il ne réagit pas énergiquement, est un candidat certain à la timidité, car la confusion qu'il aura éprouvée lui donnera l'appréhension d'une nouvelle discussion.

Il arrive aussi que, lorsque dès l'enfance on n'a pas été

exercé à choisir les mots convenant à la claire désignation de la pensée, il se formule dans l'esprit au moment de parler plusieurs définitions entre lesquelles on hésite, commençant un mot, pour en entamer un autre, sans savoir adopter fermement celui-ci ou celui-là.

De la sorte, on est parfois amené à prononcer des phrases qui servent mal la pensée et peuvent être interprétées d'une façon désobligeante ou contraire à la conviction qu'on a voulu faire naître.

« On ne saurait trop insister, dit Yoritomo, sur l'importance de ce point :

« Forcer les jeunes êtres à discipliner leurs pensées, avant de les exprimer.

« Une timidité tenace n'a souvent eu d'autre source qu'un embarras dans lequel on s'est trouvé au milieu d'une phrase dont la conclusion ne se présentait pas.

« Les mots évoqués n'énonçaient pas une pensée distincte, se dérobaient, ou arrivaient trop nombreux et si mal choisis que l'orateur, balbutiant, hésitait, ne sachant auquel d'entre eux s'arrêter, sentant, au milieu de ce chaos, sa pensée se diluer au point qu'il lui était impossible de la ressaisir.

« Ces sortes de joutes oratoires entre le maître et les enfants sont encore indispensables pour éveiller la présence d'esprit dans la discussion.

« Plus tard, lorsque les examens le conduiront devant les maîtres de la science et de la sagesse, l'étudiant qu'une telle éducation aura favorisé, saura triompher plus facilement, et, à science égale, celui qui saura démêler et exprimer éloquemment ses principes, sera élu disciple favori. »

En modernisant la pensée du savant, on ne peut s'empêcher de dire avec lui que le succès dans les examens dépend bien souvent non tant de la science réelle du candidat que de la façon aisée dont il a su présenter sa thèse.

Bien des carrières sont restées fermées aux timides, parce

qu'ils n'ont pas su vaincre leur trouble devant les examinateurs et qu'on a pu les croire dépourvus de savoir.

Il est un phénomène bien connu, qui attriste l'existence des timides : c'est la rougeur spontanée qui, à chaque instant, monte à leurs joues en chaudes bouffées, les désignant ainsi à l'attention qui leur semble si redoutable.

Ceci est d'autant moins facile à guérir, que c'est l'appréhension même de cette rougeur qui la détermine.

Le timide rougit rarement quand il est seul, à moins qu'il n'évoque le souvenir d'un embarras ayant provoqué une rougeur.

Dans ce cas, le rappel de cet épisode ramène infailliblement le signe de la confusion.

Pourtant, la rougeur n'apparaîtra pas si le timide ne se sent pas observé.

Car la crise ne survient que parce qu'il se dit : « Je vais rougir » et que, surtout, il redoute les déductions qu'on pourrait tirer de cette rougeur réitérée.

Encore une fois Yoritomo nous indique le remède après nous avoir signalé le mal.

« Il est bon, dit-il, d'enrayer, dès qu'elle se manifeste, la propension aux rougeurs subites, dont certains jeunes gens sont affectés. Ces rougeurs qui, la plupart du temps, se sont produites nerveusement, se manifestent surtout parce que le timide en conçoit une vive appréhension qui les détermine infailliblement.

« J'ai usé d'un moyen que je vais dire pour guérir de cet embarras une de mes jeunes parentes.

« Ce moyen ne demande, chez les éducateurs, qu'un peu de sollicitude et de persévérance, mais je le crois infaillible :

« J'ai, dans ma famille très proche, une jeune femme qui est un modèle de vertu.

« Cependant toutes ses qualités se trouvaient amoindries par une grande timidité qui la faisait rougir à tout propos sans qu'elle pût en analyser la cause.

« Or, un jour qu'il était question devant elle d'un jeune daïmo (1), ami des siens, son visage, sans aucune raison, s'empourpra.

« Sa mère ayant commis la faute de le lui faire remarquer, la jeune femme se trouva fort désolée à la pensée qu'on pouvait établir une corrélation entre cette rougeur sans cause et la personne de ce daïmo.

« A partir de ce jour elle vécut dans la crainte de voir ce phénomène se renouveler, et cette crainte dégénérait en angoisse à l'idée qu'elle pouvait être soupçonnée de pensées qui ne l'avaient jamais effleurée.

« Elle en était venue au point de trembler et de rougir d'appréhension lorsque la conversation semblait s'amorcer de ce côté.

« Elle faisait des efforts, que sa timidité rendait maladroits, pour la faire dévier et cette émotion perpétuelle finissait par altérer sa santé.

« Elle s'en ouvrit à moi et j'entrepris de la guérir.

« Je commençai d'abord, lorsque nous étions seuls tous deux, à prononcer inopinément le nom du daïmo : ses joues s'empourprèrent ; je laissai passer la crise et, un quart d'heure plus tard, je recommençai, et ceci jusqu'au moment où les accès, de plus en plus faibles, prirent fin pour ce jour-là.

« Le lendemain, je renouvelai mes expériences, après l'avoir toutefois félicitée du bon résultat de la veille.

« Au bout de quelques jours, l'appréhension avait diminué et la rougeur n'apparaissait plus aussi régulièrement. Quand elle se produisait, je feignais de ne pas l'apercevoir, et la jeune femme, convaincue que son trouble n'était plus visible, se guérit peu à peu de cette émotion spéciale. »

C'est là, en effet, un moyen qui semble très propice et qui doit infailliblement réussir, car la timidité finit toujours par

____

(1) Seigneur.

s'atténuer, si on sait prudemment multiplier les événements qui la produisent, au point de leur enlever l'imprévu que le timide redoute tant.

« En principe, ajoute le vieux Nippon, on doit dissiper chez le timide l'appréhension qui, si elle n'est pas immédiatement combattue, s'accroîtra toujours. En sorte que, pour éviter le retour de ces embarras, il prendra l'habitude de fuir toutes les occasions de se mettre en lumière.

« Il s'accoutumera à s'effacer, non tant par modestie que par défiance de lui-même, et deviendra timide par crainte de l'être.

« De bonne heure aussi, dit le philosophe, les enfants doivent être mis aux prises avec les petits problèmes de l'existence.

« Que de fois, dans la vie, n'auront-ils pas lieu de prendre des décisions rapides et motivées.

« On ne saurait assez tôt les habituer à réfléchir sur la solution des mille petites difficultés quotidiennes, qu'ils éluderont ou aggraveront, suivant la pente de leur esprit.

« En tout cas, il est sage de leur laisser l'initiative de cette solution, quitte à la discuter avec eux, si elle présente des inconvénients que leur inexpérience ne leur a pas permis d'envisager.

« Une autre faute qui, trop souvent, engendre la timidité, c'est d'exiger la perfection des jeunes enfants.

« Outre que cette façon d'agir crée des rebelles ou des indifférents, elle a presque toujours pour effet de faire éclore la timidité chez les êtres consciencieux, qui, désespérant de jamais atteindre là où l'on voudrait les conduire, se désolent et doutent d'eux-mêmes.

« Il ne faut pas s'y tromper, ajoute Yoritomo : ceci n'est pas de l'orgueil ; c'est un sentiment qui prend sa source dans une pensée louable, à coup sûr, mais qui, presque toujours, bifurque vers la négation de cette belle énergie, qui doit être la compagne et la motrice de l'effort croyant.

Une autre cause de timidité chez l'enfant est aussi la conscience d'une disgrâce physique, réelle ou fictive ; car beaucoup de parents s'imaginent à tort rendre service aux petits en niant devant eux les avantages que la nature leur a répartis.

Dans les deux cas, la faute existe.

En effet, si la disgrâce est véritable, tous les efforts de l'éducateur doivent tendre à l'amoindrir dans la pensée des êtres qui en sont affligés, ne serait-ce que pour éviter d'éveiller en eux la défiance d'eux-mêmes, cause assurée d'infériorité.

Si le défaut révélé consiste au contraire dans la simple négation des avantages extérieurs — et ceci dans le but de supprimer la vanité possible — vraie ou non, cette appréciation peut avoir de fâcheuses conséquences.

La beauté aussi est une force : la laisser ignorer ou la nier, c'est priver l'enfant d'une arme redoutable dans le combat futur de l'existence.

N'est-il pas plus judicieux de lui laisser la conscience de cette force, tout en supprimant en lui les mouvements de vanité qui pourraient, dans la suite, lui créer des antipathies fâcheuses en l'invitant à une tendance à la présomption ?

On confond trop souvent la timidité avec la réserve. La réserve est consciente de sa valeur et de ses moyens d'action qu'elle concentre au lieu de les disperser à tous les vents.

La réserve est une force ; la timidité une faiblesse et la réussite appartient aux forts.

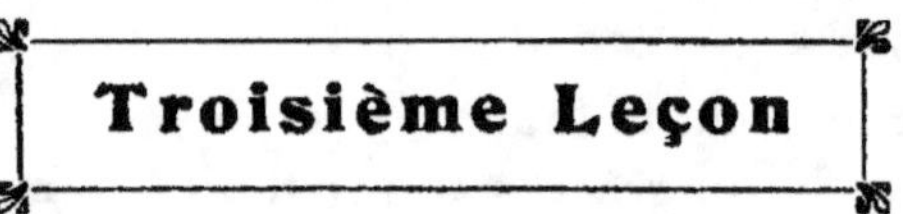

Troisième Leçon

Entre la timidité et la confiance exagérée en soi-même.

« Les extrêmes, nous enseigne Yoritomo, partent quelquefois du même principe ; mais tandis que, dans le premier cas, le but n'est pas atteint, il est, dans le second, complètement dépassé.

« C'est ainsi que nous voyons fréquemment certains timides sortir de leur réclusion morale, et, sous l'impression d'un sentiment très vif : — colère, haine ou amour — commettre telles extravagances qu'un homme doué d'aplomb n'aurait jamais conçues.

« La raison de cette anomalie c'est que la timidité étant un manque d'équilibre moral, celui qui a dû se faire violence pour manifester ses sentiments par des actes ou des gestes qui ne lui sont pas familiers, perd la conscience de la portée de ces actes, en raison du peu d'accoutumance qu'il a d'extérioriser ses sensations. »

Cette définition si simple et si profonde à la fois explique l'attitude de maints timides dont les actes, à un certain moment de leur vie, ont dépassé en hardiesse ceux des hommes doués d'un aplomb normal.

Puis il arrive que le timide, s'habituant à choyer une même pensée qu'il ne communique point, ne s'aperçoit pas des déformations successives qu'elle subit et se familiarise assez avec les formes nouvelles qu'elle revêt tour à tour, pour l'adopter même dans ces transformations les plus outrancières.

« Si quelqu'un, dit Yoritomo, vit dans la contemplation de toutes les heures d'un bourgeon naissant, ce bourgeon sera devenu une fleur géante sans qu'il ait pu se rendre compte de sa croissance et de sa métamorphose. »

Il en est de même du timide, qui garde ses pensées par devers lui, se concentre suffisamment pour s'y absorber et ne s'aperçoit pas de leur lent travestissement.

Mais, dira-t-on, comment se fait-il que dans *l'Énergie en 12 leçons* (1) on nous ait tant vanté la concentration qu'on semble blâmer aujourd'hui ?

C'est que la concentration, source de l'énergie, n'a de ressemblance que le nom avec celle que le timide cultive.

L'énergique concentre ses pensées afin de pouvoir rassembler toute son attention sur les objections ou les raisons qui peuvent lui faire prendre ou rejeter une résolution : le timide, au contraire, laisse se presser en son esprit des idées qu'il ne contrôle pas, qui, trop souvent, se contredisent, et, comme son défaut l'empêche de solliciter aucun avis, rien ne vient modifier ses déterminations.

Il peut donc arriver, par une pente insensible et qu'il lui est impossible de constater, à des éclosions de sentiments dont la hardiesse lui échappe.

« La solitude, dit encore notre philosophe, restreint le vol de la pensée qui en arrive à tourner sur elle-même au lieu de prendre un bel essor. »

C'est ce qui expliquerait la tendance au merveilleux dont sont affligés la plupart des timides. N'étant que frôlés par les événements auxquels leur défaut leur interdit de prendre une part suffisante, ils les commentent en eux-mêmes, et, sans s'en rendre compte, les brodent et les disposent à leur satisfaction.

« Il m'est arrivé étant enfant, ajoute-t-il, de me trouver

____

(1) *Yoritomo Tashi*, par B. DANGENNES. Éditions Nilsson, 7, rue de Lille.

en proie à une assez grave maladie qui m'immobilisa pendant longtemps. La lecture m'était défendue et je n'avais pour distraction que la vue des objets qui m'entouraient.

« Le dessin d'un paravent appela surtout mon attention par ses touffes de fleurs et ses bouquets de roseaux.

« Je passais des heures à les contempler. Tout d'abord je suivis les contours des yeux, sans y trouver autre chose qu'une harmonieuse reproduction de la nature.

« Mais peu à peu, les touffes de fleurs devinrent des jardins, les roseaux prirent l'imposant aspect d'une forêt : dans les jardins, mon rêve plaça une princesse, et dans la forêt, des guerriers.

« Puis le roman commença :

« Toute ligne nouvellement découverte m'était prétexte à la création d'un personnage; la princesse fut bientôt captive d'un géant — que je voyais — et les guerriers s'avançaient pour la délivrer. Tous les jours il surgissait un panorama et des personnages qui variaient les péripéties de l'histoire.

« L'obsession devint si forte que j'en parlai de façon à éveiller l'inquiétude de mes parents. On supprima le paravent et lorsque, quelques jours plus tard, on me le montra de nouveau, je n'y vis rien autre que ce qui y était peint.

« Mais les timides ne racontent pas les fantasmagories de leur vision intérieure et personne ne pouvant deviner le roman de la princesse, ils continuent, n'étant pas détrompés, à voir des forêts et des guerriers là où sont seulement ébauchées des feuilles et des fleurs. »

« Il arrive encore, parfois, que ce malaise du vouloir, qui est la genèse de la timidité, se traduit par des éclats excessifs ; car le timide est souvent honteux de lui-même et craint les railleries ; si bien que, mauvais archer, il lance ses flèches par-dessus le but, dans la crainte de ne pas l'atteindre. »

Ce cas est très fréquent et se constate surtout chez les timides qui sont affectés du besoin de jouer un rôle.

L'effort pour se faire remarquer est d'autant plus difficile à soutenir qu'il doit être constant, et par conséquent tout à fait en dehors de la nature du timide qui est, avant tout, dénué de volonté.

Or, pour donner satisfaction à ce désir, le timide, qui n'a pas su s'imposer par une attitude invariable, doit forcément exagérer les manifestations qu'il veut rendre probantes.

Il ne faut pas oublier, non plus, que la timidité enrayant les facultés du vouloir, il n'en peut découler aucune action suivie et fermement conçue, mais surtout des actes qui se produisent en quelque sorte par explosion.

Cette explosion n'est, le plus souvent du reste, que le résultat d'un torrent de pensées et de résolutions contraires, que le timide a laissé bouillonner en lui, sans en rien manifester.

« L'eau renfermée dans un vase hermétiquement clos, dit Yoritomo, peut bouillir longtemps sans qu'on s'en aperçoive, mais elle finit pourtant par faire éclater le vase et se répandre au dehors; c'est l'image des sentiments du timide, qui, comprimés, amplifiés par le défaut de contrôle, éclatent en tumulte, sans qu'il lui soit possible d'en atténuer la violence. »

Les fanfaronnades, que, parfois, nous écoutons avec un sourire, n'ont souvent pas d'autre origine et, de même qu'il est impossible de retarder l'explosion d'un vase qui ne laisse pas échapper la vapeur, il est vain pour un timide de chercher à arrêter les outrecuidances stupides qu'il débite sans mesure, comme s'il était en proie à une véritable griserie.

Et c'est une griserie, en effet. L'émotion, un trouble qui s'augmente du sentiment que ce trouble est visible et qu'il peut être l'objet des railleries, le désir de confondre les moqueurs le font passer par des alternatives de dépression et d'exaltation, qui lui enlèvent, pour un moment, le sentiment du libre arbitre.

On ne doit pas oublier, non plus, que le timide n'est pas

le maître de ses muscles et que les efforts qu'il doit faire pour les asservir, lorsque ces efforts ne sont pas habituels, amènent un dérèglement qui se traduit souvent par une exagération touchant à l'outrecuidance.

Ainsi que nous le verrons dans le chapitre qui parlera de la timidité par rapport à la santé, le timide est presque toujours tourmenté du besoin de mentir.

Chez quelques-uns ces mensonges fréquents sont dus surtout au désir de dédoublement qui hante presque tous les timides.

Le personnage dont ils racontent les prouesses est si lointain, si différent d'eux-mêmes, qu'ils ne pensent pas violer la réserve de leur personnalité vraie en faisant agir ce personnage fictif.

Pourtant, comme le timide est un faible, la griserie s'empare vite de son cerveau et il se laisse aller à des écarts d'imagination qui provoquent les marques d'incrédulité chez ses auditeurs.

C'est généralement ce qui déchaîne l'outrecuidance, car le timide est très sensible.

Aussi, dès qu'il aperçoit des sourires de doute sur les lèvres de ceux qui l'écoutent, il devient furieux et, pour les convaincre, entasse pêle-mêle les arguments qu'il croit être des preuves, exagérant ses affirmations d'autant plus fortement qu'il sent la conviction difficile à forcer.

Il en arrive parfois à ressentir lui-même la folie de ses assertions, mais bien loin de s'avouer vaincu, ne trouvant pas en lui la présence d'esprit nécessaire pour battre en retraite honorablement, il s'entête dans ses invraisemblances et le mécontentement qu'il a de lui-même se mue en une colère, qui s'accroît jusqu'à la violence, envers ceux qu'il ne peut convaincre.

Lorsque l'incohérence laisse le timide conscient, il devient horriblement confus de ses écarts, mais croit devoir à son amour-propre de les accentuer, au lieu de convenir

en souriant d'une exagération qui avait mal servi sa pensée.

Une des causes de l'outrecuidance est aussi ce besoin
d'anonymat qui gît au cœur de tous les timides ; la plupart
d'entre eux ont deux « moi » : celui que l'on connaît mal, car
il se garda bien des confidences, et l'autre qu'il leur semble
plus facile de présenter ouvertement, car ils le savent fac
tice et cette conviction leur donne la sorte d'assurance que
le masque prête à ceux dont il dérobe les traits.

« J'ai connu, raconte Yoritomo, un jeune homme d'une
timidité déconcertante, qui me fit un jour cette confidence :

— Je porte en moi un second moi-même, tout différent du
premier.

« Celui-ci, le seul que l'on connaisse, me met à la torture
par les gaucheries qu'il me fait commettre et les embarras
constants où me jettent le trouble et l'appréhension dans
lesquels je vis à cause de lui.

« C'est celui que je voudrais bannir et c'est pourtant le seul
qui subsiste extérieurement.

« L'autre « moi-même » est héroïque.

« Il n'est point d'acte digne de nos plus braves Samouraïs
qu'il ne soit capable d'accomplir ; il est généreux, résolu,
brillant ; il force tous et toutes à l'admiration.

« Pourtant, lorsque ce « moi », si sincère pourtant et si
vivant, voudrait se manifester, des forces inconnues l'obligent à rester dans l'ombre.

« Il m'est cependant arrivé de l'en faire sortir par un effort
prodigieux et violent, mais j'étais tout désemparé de voir
que ces sentiments si nobles, cette bravoure raisonnée, ces
grands élans généreux, tout cela aboutissait à de ridicules
outrecuidances que je constatais avec désespoir et qu'il
m'était impossible de réfréner ou de canaliser. »

J'ai dû feuilleter longtemps les manuscrits suivants avant
de trouver la conclusion de cette anecdote. Et voici ce que

je lis sur un feuillet qui me semble devoir être écrit quelques mois après :

« Je suis avec un puissant intérêt les progrès que fait le jeune Li-Hang-Tho dans la voie de la pondération et de l'équilibre définitif. Sous l'influence de mes conseils, le dédoublement de sa personnalité tend à disparaître, pour se fondre en une sorte d'unité intellectuelle, où les mouvements volontaires prennent peu à peu la place des gestes instinctifs.

« J'entrevois le jour où toutes manifestations paradoxales cesseront complètement, grâce à la souveraineté de l'énergie et à la volonté de concentration qui, habilement cultivées, permettront à ce jeune homme d'éviter l'angoisse physique de la timidité. Car, allégé de cette contrainte, il commence déjà à régenter ses nerfs et à se garder à la fois des embarras ridicules et des excès d'outrecuidance, tout aussi regrettables, qui le présentaient sous un jour qui n'était pas véridique. »

Il arrive aussi que l'outrecuidance se produit de très bonne foi : le timide se trouvant, de par son infirmité, peu renseigné sur les événements ordinaires de la vie, a, dès qu'il veut les raconter, la même propension qu'ont les enfants à les considérer sous un jour merveilleux.

Comme les enfants, il est enclin à voir un incident dans les faits les plus ordinaires. Son existence, forcément très terne, — au moral tout au moins, puisqu'il fuit toutes les occasions de se produire, — ne l'a pas blasé sur les mille petits soucis ou les petits bonheurs quotidiens, son caractère l'a tenu éloigné de ces légers heurts qui se terminent par un sourire ; tout lui semble matière à préoccupation ou bien à enthousiasme.

Faut-il donc s'étonner que la contradiction ait tant de prise sur son système nerveux ?

Non, puisque son isolement l'empêche de cultiver la courtoisie dans la discussion.

S'il était davantage accoutumé au frôlement des idées, il saurait, comme tant d'autres, soutenir et imposer son opinion en employant des termes corrects vis-à-vis de ses contradicteurs.

Mais, habitué à penser tout seul, la moindre divergence d'idées lui semble une insulte personnelle et s'il trouve en lui le fugitif courage de relever cette insulte, il le fera par des bravades ou des excès oratoires qui manqueront infailliblement d'amener la conviction dans l'esprit de ses interlocuteurs.

Le timide, comme on le voit, engendre facilement l'outrecuidant, celui que les mauvais observateurs seraient tentés de taxer de trop de hardiesse, alors qu'il souffre seulement d'un douloureux défaut contraire.

Le résultat ordinaire de ces excès d'outrecuidance, c'est que le timide, une fois seul, repasse avec angoisse toutes les phases de son intempérance de langage ; il revit tous les incidents, entend toutes les répliques, voit tous les sourires et c'est la sueur de la honte au front qu'il constate à quel point il a été ridicule.

« Presque toujours, dit Yoritomo, à la suite de pareils accès, il retombe dans une appréhension farouche ; car ce n'est plus seulement les autres qu'il redoute maintenant, c'est lui-même ; et le souvenir toujours évoqué et vite amplifié de sa ridicule aventure redouble le désir d'une solitude dans laquelle il dérobera sa confusion.

C'est à ce moment qu'il est précieux pour lui de croiser sur sa route un disciple de l'énergie qui le soutiendra, le consolera, tout en lui montrant la juste proportion des choses et fera en sorte de l'amener à cette pondération qui fait la vie calme et harmonieuse.

Les faits dramatiques et les accidents retentissants sont fort heureusement rares dans cette suite de menus événements dont sont formés les jours.

Notre existence est faite, à peu d'exceptions près, d'incidents gris qu'une joie vient de temps en temps teinter de rose et que les chagrins assombrissent momentanément jusqu'au noir.

Heureux ceux qui ont pu vivre une longue série d'années dans ce gris très doux que la bonne entente, l'ambition raisonnée, l'amour des devoirs de leur état ont souvent nimbé des couleurs de l'espoir et de l'auréole du succès.

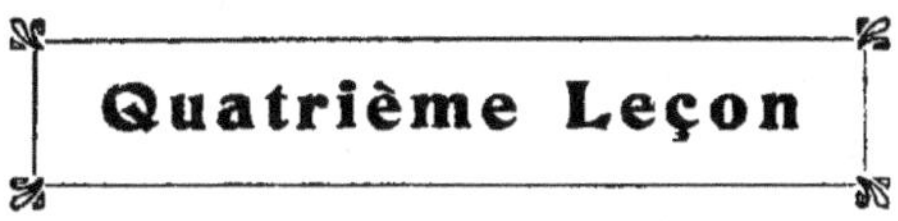

La timidité ennemie de la santé.

La timidité est une sensation dont les conséquences physiologiques sont très caractérisées.

« Elle peut, dit Yoritomo, avoir, en maintes occasions, une influence néfaste sur la santé, car il n'est pas sans danger, pour le bon équilibre du corps, de ressentir les émotions par lesquelles passent tous les timides.

« Lorsqu'elle arrive à ce degré de concentration qui force le système nerveux à actionner tout le système musculaire, il en résulte un mouvement de contraction dont la répercussion a souvent des suites fâcheuses.

« Ce phénomène de contractivité, en amenant le trouble et l'embarras, provoque toujours un balbutiement prononcé qui, chez les gens très nerveux et surtout chez les enfants mal surveillés, devient en peu de temps une véritable infirmité : le bégaiement.

« On peut constater que les gens qui en sont affligés serrent leurs lèvres avec d'autant plus de force que la timidité, inhérente à leur nature, agit sur eux avec plus de puissance.

« Car sous la poussée des sentiments dont nous avons déjà constaté la silencieuse violence, les muscles de la face et ceux de la bouche subissent des mouvements qu'il est impossible de réprimer.

« A ces causes physiques, il faut ajouter aussi le désarroi

moral qui s'augmente de la honte causée par la difficulté de l'élocution.

« Bientôt, si une sollicitude intelligente n'intervient pas, les timides en arrivent à ne plus pouvoir prendre la parole sans se trouver arrêtés par ce nouvel embarras, qui achève de les jeter dans une confusion définitive.

« Le timide, nous l'avons déjà dit, est, de par la nature de son défaut, un isolé ; mais celui qui est atteint de bégaiement finit par prendre en horreur tout ce qui sert de prétexte à la manifestation de son infirmité.

« Aussi n'est-il pas rare de voir les bègues atteints d'une hypocondrie dont les origines remontent à l'éclosion de leur timidité.

« Il y a plusieurs façons de guérir les bègues et toutes ont donné quelques résultats, mais le moyen véritable, le seul qui soit infaillible, réside dans une volonté ferme, appuyée sur les préceptes de l'énergie.

« C'est ce qui manque le plus aux timides et voilà pourquoi celui qui a entrepris de les guérir doit s'armer d'une patience, basée sur la persévérance et la force du vouloir.

« Car n'importe quel traitement, si excellent soit-il, ne pourra aboutir tant que le malade ne sera pas sorti de cet état de timidité qui le déprime et le met dans l'impossibilité de soutenir une lutte contre lui-même.

« C'est en effet contre lui-même que le timide doit être surtout défendu et protégé, et avant d'entreprendre de le ramener à la santé, — c'est-à-dire à l'état normal qui lui assurera le bien-être physique, — il faut savoir le prémunir contre la fréquence des accès de timidité qui viendraient entraver l'effort vers la guérison.

« Une cure d'énergie est aussi nécessaire — sinon davantage — que le traitement dans les cas de bégaiement.

« L'important est, avant tout, de persuader au malade qu'il « peut » s'il « veut » se débarrasser de cet inconvénient grave.

« C'est moins à titre de patient qu'à titre de collaborateur qu'il faut l'admettre, et cette distinction ne doit pas lui être cachée.

« Une entière confiance doit être éveillée en lui en ce qui regarde la personne qui le traite.

« Cette dernière partie de la tâche est certainement une des plus délicates et des plus difficiles aussi, car le timide est, de par la nature de son défaut, très peu porté à la franchise.

« Il est, presque toujours, très enclin au mensonge et les rares fois où il paraît s'épancher, c'est presque toujours pour raconter des faits dans lesquels la vérité est fortement travestie.

« Ceci, nous l'avons dit maintes fois, prend sa source dans le désir ardent qu'il a de jouer un rôle. Sa nature l'empêche de se mettre en valeur par des faits en rapport avec son imagination, mais ces faits, il les a souvent si réellement vécus par la pensée qu'il n'est pas entièrement convaincu de leur irréalité.

« Ces demi-mensonges se rapportent presque toujours à des événements dont il a été le spectateur et dans lesquels sa timidité lui a interdit de prendre la place que son désir lui assignait.

« De là à s'attribuer les gestes qu'il avait résolu d'accomplir ou les paroles qu'il n'a pas osé prononcer, il y a juste la différence qui existe entre ce que nous taxons de mensonge et ce qu'il prend pour une sorte de vérité.

« Il raconte comme un fait ce qui fut un projet très sincère, voilà tout.

« Le timide, on l'a déjà vu, grâce à l'état d'isolement moral où il se confine, en vient à se familiariser avec les idées les plus outrancières, qu'il laisse s'épanouir en son cerveau, loin du contrôle de toute discussion.

« Et parce qu'il se livre rarement, il ne manque pas, lorsqu'il a le courage de le faire, d'arborer comme des étendards ces idées dont personne n'a pu lui faire comprendre la fausseté et la puérilité.

« J'ai eu pour ami, ajoute notre philosophe, un homme d'un très grand mérite, qui, cependant, était méconnu du plus grand nombre, car sa timidité ne lui permettait de se faire réellement apprécier que de ses intimes.

« Or, dès qu'il sortait d'une réunion où il avait été piteux, il ne manquait pas de repasser en son esprit les phases de la discussion, s'accusant de n'avoir pas eu le courage de donner les répliques, qui, dans la solitude, venaient à ses lèvres et de n'avoir pas lancé les reparties que son esprit très délié lui suggérait.

« Aussi ne croyait-il pas faire un réel mensonge en racontant la séance de la veille, de citer, comme ayant été prononcés, les avis très sages, les aperçus très larges et les répliques très spirituelles qu'il avait réellement conçus, mais que sa timidité lui avait empêché de formuler.

« C'est, du reste, ce qu'il répondit lorsqu'un jour, voulant lutter contre ce défaut qui le diminuait à mes yeux, j'entrepris de lui prouver qu'à la réunion où il prétendait avoir brillé, il était resté muet.

« — C'est vrai, protesta-t-il, je n'ai rien dit, mais puisque j'ai tout pensé et que la plupart de mes appréciations sont très personnelles, j'ai bien le droit de les revendiquer. »

Cette observation si juste a été résumée au siècle dernier par une expression pleine de finesse : « l'esprit de l'escalier ».

C'est, en effet, dans l'escalier, c'est-à-dire lorsqu'il est hors de la vue des gens dont la présence le paralyse, que le timide retrouve seulement sa liberté d'esprit.

Il repasse alors les phases de l'entrevue, se désolant d'avoir été si terne en songeant à tout ce qu'il y avait à dire et qu'il n'a pas dit : dans son esprit, maintenant libre de contrainte, les opinions s'affirment, les idées naissent et les mots pour les exprimer lui arrivent facilement.

Rencontre-t-il une phrase heureuse, un argument victorieux ou une répartie spirituelle, il se désole d'autant plus de ne les avoir pas formulés.

Mais cependant ces mots étant bien réellement les fils de sa propre pensée, il n'a aucun scrupule de se les approprier ; il les répète, au contraire, les cisèle amoureusement, et, lorsque l'occasion — pour lui bien rare — lui permet de sortir de sa réserve farouche, il se vante, de très bonne foi, de les avoir dits sans songer que les assistants, qui ont été témoins de son mutisme, sont prêts à le taxer d'imposture.

« Le timide, remarque encore Yoritomo, est très observateur par nature, mais c'est un profit solitaire qu'il tire de cette faculté, puisque son défaut lui interdit de généraliser les efforts de ces observations.

« Il est vrai que beaucoup de timides, qui n'ont pas su se faire apprécier autrement, ont laissé des manuscrits très remarquables.

« Mais ceux-là sont la grande exception, car la nature du timide l'invitant, dès qu'il est loin du public, à grossir ses impressions, il lui est difficile dans ses écrits de distinguer la réalité du rêve et il serait curieux de contrôler, à ce point de vue, les œuvres que nous ont laissées ceux qui se sont ocupés de fixer des points d'histoire.

« Les récits de faits amplifiés ou démesurément hyperboliques sont dus, la plupart du temps, à des timides qui ont extériorisé leurs déductions et leurs raisonnements solitaires. »

Beaucoup de timides sont sujets aux affections cérébrales : un grand nombre souffrent de maux de têtes qui se manifestent principalement au réveil.

Ces malaises, qui s'expliquent facilement par l'état de contractivité des nerfs contribuent, singulièrement à augmenter leur misanthropie et à annihiler les quelques vestiges de volonté qu'ils pourraient avoir.

La timidité poussée au point extrême produit des troubles qui sont voisins de la folie.

On cite l'exemple de timides qui, un jour, en traversant une place, se sont trouvés angoissés par un sentiment de solitude, de manque de protection dont ils ont si violemment souffert qu'ils redoutent de s'exposer au retour de pareils tourments.

Cette hantise devient avec le temps une impossibilité physique et, au moment de franchir un vaste espace, ils s'arrêtent tout tremblants et ne peuvent trouver en eux l'énergie de dompter cette crainte.

S'ils sont accompagnés, le phénomène cesse aussitôt et ils retrouvent leur aisance aux côtés d'un parent ou d'un familier.

Tel autre timide ne pourra écrire devant témoins, sans être pris immédiatement de la crampe de l'écrivain.

Ses doigts se contractent sur le porte-plume, la souplesse du poignet fait place à une raideur invincible et un engourdissement total du bras vient bientôt l'empêcher de continuer.

S'il cesse d'être observé, tous ces malaises disparaissent : la douleur s'enfuit, le poignet retrouve sa souplesse et il écrit sans fatigue pendant de longs moments.

D'autres timides, ceux-là plus rares certainement, sont paralysés à l'idée de manger en compagnie de personnes étrangères.

L'origine de leur manie vient du souci excessif qu'ils ont de l'opinion des autres; cette préoccupation s'est muée lentement en crainte de ridicule : il leur a donc suffi d'avoir pensé un jour que l'acte de manger provoquait des gestes dépourvus de beauté, pour qu'ils aient le désir de s'en abstenir devant témoins.

Avec le temps, cette manie, comme toutes les autres, du reste, peut atteindre jusqu'à la limite des maladies connues sous le nom de phobies, qui sont, hélas, bien proches parentes de la folie.

« Il y a aussi, dit Yoritomo, une autre cause de désordre

dans la santé des timides : les palpitations qui accompagnent habituellement leurs accès de trouble en viennent parfois à porter une atteinte véritable à l'équilibre de leur organisme.

« Comme ces troubles s'accompagnent presque toujours d'essoufflement et de constriction des muscles, leur répercussion sur le cœur peut devenir funeste. »

Et il accompagne ces études, si bien documentées, d'une remarque qui fait le plus grand honneur à sa science si subtile du cœur humain :

« Que l'Être conduisant toutes choses, dit-il, préserve le timide des maladies, car son défaut d'expansion l'éloignera des guérisseurs qui pourraient le soulager.

« Il n'osera pas parler de son affection d'une façon qui renseignera les hommes de la science.

« Ou même, il la cachera entièrement, si elle est placée dans un endroit trop intime de son corps.

« Son manque d'énergie l'empêchera également de suivre le traitement qui pourrait faire disparaître son mal ou lui interdira la régularité des soins prescrits.

« S'il s'agit d'une décision à prendre, le timide remettra de jour en jour, jusqu'au moment où le mal aura fait des progrès qu'il sera difficile d'enrayer.

« J'ai connu un homme qui vivait dans une maison située sur les bords d'un grand marécage. Il était adonné à la métaphysique, et sa science elle-même, en l'éloignant du monde, avait été la cause première d'une timidité presque maladive.

« Les émanations qui, vers la fin de la belle saison, s'élèvent de ces terrains putrides, avaient lentement miné sa santé et il en était venu à souffrir d'accès de fièvre presque journaliers.

« J'eus l'occasion de le voir après un assez long espace de temps et je fus si frappé du changement qui s'était opéré en lui, que j'usai de mon influence pour le contraindre à consulter un médecin.

« L'ordonnance unique fut, comme je l'avais pensé, l'ordre formel de quitter sa maison pour s'établir dans un endroit plus sain.

« Les soins de la guerre m'ayant appelé loin de lui, vers cette époque, je le quittai avec la promesse qu'il obéirait au médecin. Pourtant, j'avais avec regret constaté que ce changement inquiétait fort sa nature timide ; il s'agissait, en effet, de prendre des décisions, d'effectuer des démarches, de donner des ordres, et tout cela l'effarait un peu.

« Un an plus tard, j'avais la douleur, à mon retour, de le trouver mourant et il me confia que ce qui l'avait empêché de fuir l'habitation qui devait devenir son tombeau, c'était la « honte » de faire les gestes nécessaires à une nouvelle installation. Il n'avait pas « osé » en chercher une, paralysé par la peur des discussions d'intérêt ; quant à l'idée de l'initiative à prendre pour ordonner le transport de ses manuscrits, elle l'avait si fort troublé qu'il avait remis de jour en jour, espérant que le lendemain lui apporterait l'énergie nécessaire pour entreprendre toutes ces choses qui lui semblaient immenses.

« Il mourut peu de temps après, victime d'une timidité qui lui avait organisé une existence misérable avant que de causer sa mort.

« Ce défaut, dans ses rapports avec la santé, devient un véritable péché lorsqu'il porte atteinte, d'une façon plus ou moins directe, à la santé d'autrui :

« On voit des enfants souffrir parce que leurs parents hésitent à confier aux savants certaines affections dont le siège est situé dans une partie du corps dont ils ont « honte » de parler.

« D'autres petits êtres ont contracté de sérieuses maladies parce que les parents avaient mis en eux la « honte » de demander les renseignements nécessaires à l'expansion des besoins naturels.

« On ne compte pas les victimes de la timidité, car la plupart du temps on les ignore.

« L'indifférence officielle du médecin constate que telle personne est morte de telle maladie, mais bien rarement on remonte à la cause de cette maladie, et cependant en thérapeutique il est un axiome que tous les guérisseurs devraient ne jamais oublier : « Avant de penser à faire disparaître le « mal, il faudrait d'abord rechercher la cause qui le produit « afin de la faire cesser. » C'est le seul moyen d'agir victorieusement. »

Et le philosophe nous conte, à ce sujet, une de ces anecdotes symboliques qui donnent tant de saveur à ses préceptes :

« Il y avait, dit-il, un homme possédant quelques plantations de riz qui lui venaient de son père.

« Un jour, il s'aperçut que l'ivraie avait envahi le terrain et il se mit en devoir de couper les mauvaises herbes.

« Mais le champ était assez vaste et cela l'occupa de longs jours ; si bien que, lorsqu'il crut avoir fini sa tâche, il s'aperçut que les parasites avaient de nouveau repoussé dans la première partie du champ.

« Il se remit donc à la besogne, mais cette fois encore, au lieu d'arracher l'ivraie, au risque de saisir quelques plants de riz l'avoisinant, il se contenta de la couper, si bien qu'elle croissait à mesure.

« Elle en vint bientôt à se multiplier au point que le bon grain, étouffé par les plantes étrangères, n'arriva que difficilement à s'épanouir en quelques maigres pieds de verdure.

« La récolte fut misérable et, l'année suivante, les herbes nuisibles, dont on avait négligé de couper et de brûler les racines, avaient tellement multiplié et s'étaient fait une si belle part, qu'il ne restait plus une place où déposer un grain de riz.

« Beaucoup de gens sont semblables à cet homme : ils s'émeuvent d'un malaise, se préoccupent vivement de le soulager, mais négligent d'en rechercher les causes et, s'ils les connaissent, ne font rien pour les supprimer ; en sorte que, malgré des soins, qui semblent éclairés, le mal continue de croître jusqu'au moment où il devient impossible de l'extirper, car il a envahi tout l'organisme, comme l'ivraie avait couvert le champ.

« Dans les cas de timidité principalement, il est indispensable de rechercher la cause produisant le mal.

« On trouvera presque toujours au malaise physique une raison morale découlant de la tare du malade.

« C'est alors qu'il faut tout mettre en œuvre pour combattre, non le mal lui-même, qui, s'il n'est pas trop aigu, cessera dès que son apparition ne sera plus provoquée, mais les sources de ce mal qu'une énergie patiente parviendra bientôt à tarir.

« La timidité, on le sait, interdit tout effort physique à ceux qui en sont affligés et il est indéniable que la volonté de bien se porter entre en première ligne dans la conquête de la santé.

« Endiguer le mal, c'est bien : le prévenir, c'est mieux ; et puisque la timidité est cause de tant d'incommodités physiques, c'est elle qu'il faut vaincre afin de réaliser la première condition du bonheur dans la vie : une âme droite dans un corps sain.

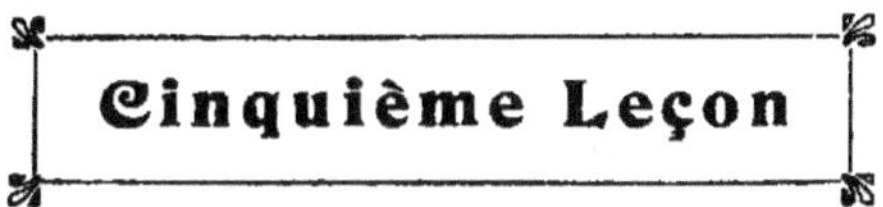

Cinquième Leçon

La timidité et la vie de famille.

« Il est à remarquer, dit Yoritomo-Tashi, que ce sont les
« daïmos » (1) que leur timidité empêche de briller dans le
« genroïn » (2) ou le « sanjun » (3), qui sont le plus redoutés
de leur famille.

« On croirait qu'ils veulent prendre, devant ceux dont la
présence ne les embarrasse pas, la revanche du dépit que
leur cause le sentiment de leur infériorité en public.

« Rien de plus courant chez eux que d'édifier des arguments pour s'innocenter, tout en rejetant sur autrui la
mauvaise humeur causée par les ennuis inhérents à leur
défaut.

« S'ils ont été humiliés en public, ils rentrent à leur logis
tout pleins d'une colère qu'ils épanchent autour d'eux.

« Leur mécontentement d'eux-mêmes les rend irritables
au dernier point, et c'est généralement au sein de leur
famille que cette irritation se manifeste.

« Or, comme le timide est toujours un être de volonté
défaillante, il ne peut exercer sur lui la maîtrise nécessaire
pour éviter des éclats qu'il déplore généralement.

« J'ai dit généralement, car le contraire n'est pas rare.

(1) Seigneurs.
(2) Sénat.
(3) Conseil d'État.

Certains timides se laissent volontiers aller chez eux à des violences qui, dans leur esprit, déformé par l'absence de volition, prennent l'apparence de la hardiesse.

« Ils se dédommagent envers ceux des leurs, qui ne leur en imposent point, de l'attitude passive et inférieure qu'ils ne peuvent point modifier devant les étrangers.

« Les affronts, le ridicule, la raillerie dissimulée de ces derniers, sont autant de stimulants qui les incitent à rentrer en grâce vis-à-vis d'eux-mêmes et à se parer des qualités qui leur semblent enviables, c'est-à-dire la fermeté et la décision.

« Mais on ne saurait trop le répéter, le timide étant surtout un être de volonté nulle, l'équilibre moral lui est inconnu et il transforme facilement en vices insupportables les qualités qu'il ne perçoit que sous certains angles. »

De longs siècles après Yoritomo, Nietzsche a parlé de « l'incommunicabilité » des âmes, souffrance particulière aux timides.

C'est dans la vie de famille que ce sentiment se présente sous la forme la plus douloureuse.

Le timide n'entre point en sympathie avec les siens, quel que soit l'amour qu'il ait pour eux.

L'appréhension de sa gaucherie lui fait redouter les expansions et tandis que souvent son cœur se fond dans un élan de tendresse, l'embarras qu'il éprouve pour la témoigner fait qu'il se dérobe aux marques d'affection des siens. Trop souvent même, c'est par un geste brusque qu'il met fin à une manifestation sentimentale qu'il ne sent pas le courage de traduire telle qu'il la ressent.

Faut-il s'étonner ensuite que les membres de sa famille, froissés de ce qu'ils jugent être de l'indifférence, finissent peu à peu par imiter cette conduite et rendent plus rares des effusions qui ne rencontrent pas d'écho ?

Ainsi, tous les jours, le timide, emmuré dans la forteresse de son infirmité, devient plus solitaire et plus incompris.

Il n'est pas jusqu'au sentiment de protection, créateur du lien si puissant de la famille, qui ne s'affaiblisse et ne s'annihile chez lui.

Les enfants, très sensibles aux marques extérieures du courage et de la résolution, en viennent lentement à laisser décroître en eux le respect de la supériorité que le chef de famille doit toujours inspirer ; cet homme gauche, embarrassé, hésitant leur paraît mal qualifié pour les conduire dans la vie. Ils ont l'impression qu'à la première difficulté il se laissera vaincre en les entraînant dans sa défaite.

Ce raisonnement, chez les êtres encore jeunes et de raison vacillante, ne se présente pas toujours d'une façon aussi précise, mais, dans l'esprit des enfants, le chef de famille timide n'acquiert aucun prestige et en arrive lentement à se dépouiller de tous les apanages moraux du commandement.

Comment en viendra-t-il ensuite à reconquérir la soumission qu'il est en droit d'exiger de ses enfants, lorsqu'il s'agira de les guider dans le choix d'une vocation ou de les préserver des pièges que la vie tend aux adolescents ?

Le résultat le plus fréquent et le plus regrettable est d'inciter les enfants, dont la personnalité sentimentale est découragée par cette froideur, à verser leurs confidences dans des âmes étrangères.

Il arrive trop souvent que leur inexpérience les livre à des conseilleurs dont la délicatesse n'est pas éprouvée et dont les avis deviennent pernicieux.

Mais, lors même que ces amis seraient des êtres d'élite, l'édifice familial ne s'en trouverait pas moins disloqué, car l'unité de pensée, ce tout multiple surgissant de la réunion des intérêts mutuels, des souvenirs communs, des responsabilités pareilles et des affections réciproques qui forment la base de la famille, se trouve toujours oblitéré lorsqu'une influence différente, fût-elle excellente, vient jeter une note étrangère dans cette symphonie qu'est la vie de famille.

« Sur un versant de la colline qui protège la ville des vents du nord, il était, dit Yoritomo, un endroit où j'aimais à me reposer des fatigues du commandement.

« Là, de grandes lianes épousent des arbres séculaires, dont elles enserrent si étroitement les branches, que les feuilles très rares ont peine à se faire jour à travers le fouillis des végétations parasites.

« Ces arbres, dont les racines crevaient çà et là le tertre, étaient mes abris de prédilection. Leurs rameaux, comme de longs bras, supportaient magnifiquement la retombée des lianes, qu'ils semblaient offrir à notre admiration comme une draperie superbe et chatoyante. Par les journées chaudes, les oiseaux venaient s'y blottir en pépiant. Et les plus débiles de ces arbres se dressaient majestueux sous leur parure.

« Quelques-uns d'entre eux n'étaient que des squelettes d'où la dernière goutte de sève avait fui, et s'ils se soutenaient encore, c'était grâce à la puissante armature des souples filaments qui, après avoir cherché leur appui pour s'élever, leur constituaient maintenant un étayage solide.

« D'autres, plus frêles, supportaient plus mal le poids des rameaux grimpants qui, menacés de glisser vers la terre, s'élançaient jusqu'à un prochain tronc plus puissant, formant ainsi des dômes de verdure, qu'au retour de la belle saison j'étais heureux de retrouver, toujours plus épais et plus pénétrés de mystère.

« Mais il arriva qu'un jour, un orage ayant passé, mes yeux furent attristés par le désastre du beau dais de soie mouvante.

« Les plus faibles des troncs s'étaient fendus, puis brisés, et les frêles lianes qu'ils avaient entraînées dans leur chute, foulées aux pieds des voyageurs, souillées de fange et déchiquetées par les insectes, n'étaient plus sur le sol qu'un amas haillonneux et lamentable.

« Les autres arbres, ceux qui, dans leur robustesse propre ou dans l'étroite union des souples rameaux, avaient trouvé la force de résister à la tempête, continuaient de balancer harmonieusement le gracieux fardeau dont la multiplicité fragile avait été leur sauvegarde.

« J'ai vu là le frappant symbole de la famille.

« Tant que son principe demeure ferme et résolu, les enfants s'appuient sur celui qui le représente, et, au besoin, l'enlacent assez étroitement pour que leur union masque sa vieillesse et sa décrépitude.

« Cependant, si le soutien est trop débile pour faire tête aux orages de l'existence ; sa défection entraîne l'amoindrissement de ses proches.

« Le timide est semblable à ces arbres qui ne savent ni soutenir suffisamment les frêles lianes, ni se faire assez soutenir par elles : les tempêtes de la vie les abattent et ils entraînent avec eux ceux qu'ils n'ont pas su défendre.

« Il arrive aussi, trop fréquemment, que les enfants, se sentant mal protégés, se détournent d'un chef de famille hésitant et de volonté débile, pour aller vers ceux dont l'aplomb leur inspire une confiance que leur protecteur naturel n'a pas su faire éclore en leurs âmes.

« Pourtant, si salutaire que soit l'influence étrangère, il faut toujours déplorer qu'elle ne soit pas corroborée par les encouragements de celui qui devrait, avec le maître, pétrir la cire molle des jeunes intelligences, afin qu'aux mérites acquis, ces êtres issus de lui, puissent ajouter encore des vertus inhérentes à leur famille, vertus qu'il est bon de cultiver par le souvenir des belles actions des ancêtres.

« Or, s'il est des hauts faits qui appartiennent à l'histoire, il est, en revanche, des actes d'abnégation, de dévouement, de bonté que leurs auteurs ont accomplis dans le cercle de la famille et que les étrangers ignorent.

« Ces belles actions, d'autant plus méritoires qu'elles n'ont pour récompense que l'admiration des proches, sont quelquefois les plus pénibles à soutenir, car il ne s'agit pas d'un effort brillant, sollicité et récompensé par l'orgueil et la renommée, mais bien d'une application constante, obscure, et d'un dévouement dont la réussite n'est appréciée que par les rares personnes qui en ont été témoins.

« Ces efforts, admirables puisqu'ils ont pour point de départ la volonté qui les fait naître et pour moteur l'énergie qui les réalise, sont de ceux que la vie noblement vécue exige de chacun de ceux qui veulent faire souche d'hommes de bien.

« Mais, je l'ai dit déjà, les étrangers ne peuvent les connaître et si le chef de la famille n'en instruit pas les siens, l'essence même des vertus familiales finira par se dissiper et bientôt se produira une désagrégation à peine perceptible d'abord, mais suffisante pourtant, pour modifier les qualités qui faisaient la caractéristique et la force de cette famille. »

Il semble qu'après ces commentaires si clairement déduits, il y aurait bien peu de chose à ajouter aux raisonnements de l'antique philosophe Nippon ; il faut cependant le suivre encore dans les développements concernant le mariage et le choix de la carrière, ces deux actes sur lesquels est presque toujours basé le bonheur de la famille.

« Les timides, dit le Shogun, sont rarement très heureux dans le mariage, car ils épousent presque toujours la femme qu'on leur impose et non pas celle qu'ils auraient choisie.

« Le fait de dire les mots qui traduisent leur sentiment leur semble si difficile à accomplir qu'ils hésitent, balbutient et sont d'autant plus gauches qu'ils ont conscience de leur ridicule et sont au supplice en lisant ou croyant lire dans les yeux de la jeune fille ou des parents auxquels ils s'adressent une raillerie qui achève de les déconcerter.

« Rarement le timide se marie autrement que par l'intermédiaire d'un ami complaisant ou intéressé. Il n'est donc pas rare que la femme qu'il n'a pas choisie, et dont il ne saura jamais se faire comprendre, lui devienne rapidement indifférente, si ce n'est antipathique.

« Le plus souvent, des mésintelligences définitives éclatent, par suite d'un malentendu qu'il aurait été tout simple d'écarter dès le début. Mais le timide ne sait pas dire les mots qui apaisent ; il se renferme dans un mutisme qui, presque toujours, prend les allures de la brusquerie ou de la bouderie et le fossé de la mésentente se creuse tous les jours plus profond entre les conjoints.

« J'avais, dit Yoritomo, un ami dont la timidité faisait le désespoir. De quelques tentatives de guérison, mal secondées par sa faiblesse, il était résulté une confiance en moi qui, à des intervalles éloignés, lui donnait le courage de m'ouvrir son cœur.

« C'est ainsi que j'appris son grand amour pour l'une des filles du Samouraï Thang-Hong ; il avait été séduit par l'extrême douceur de sa voix et la grâce de son maintien, que faisait surtout ressortir la brusquerie de sa sœur, laquelle tenait bien plus d'une amazone antique que d'une créature de charme.

« Il avait même pour cette sœur une sorte d'aversion, qui lui faisait souhaiter de ne pas être obligé de vivre dans la famille de celle qu'il avait résolu d'épouser.

« Quelle fut ma stupéfaction lorsqu'au retour d'un voyage je le retrouvai marié à cette femme qu'il avait prétendu détester !

« Aussi n'hésitai-je pas à l'aller trouver et à rechercher une causerie en tête à tête pour m'éclairer sur ce revirement.

« Hélas ! le revirement n'existait pas : il continuait d'aimer douloureusement et silencieusement celle que son cœur avait choisie, mais n'ayant jamais eu le courage de se déclarer, l'autre sœur, qui s'était éprise de lui, lui avait fait de telles avances qu'il n'avait pas trouvé la hardiesse de la détromper sur ses sentiments.

« Il mena donc une vie dépourvue de joie, entre une femme qu'il détestait et une autre qui, très involontairement, le fit abominablement souffrir, car elle se maria et mon ami connut toutes les tortures de la jalousie. »

L'amour, du reste, est à peu d'exceptions près une souf-

france pour le timide que des rêves, presque toujours dé-
çus, — puisqu'il n'ose les formuler, — plongent trop souvent
dans le découragement qui naît des regrets.

C'est surtout parce que le chef de famille timide a souffert et souffre tous les jours de ce défaut, qu'il doit travailler
à en préserver les siens.

Dans le cas où il se sentirait incapable d'entreprendre lui-
même cette guérison, il devra remettre l'éducation de ses
enfants entre les mains d'un maître qui saura développer
dans ces jeunes âmes les qualités indispensables pour entreprendre la lutte de la vie, ce combat qui, pour tous, commence dès les premières années d'études pour ne finir qu'avec
l'existence.

Le soutien moral d'un maître éclairé est d'autant plus indispensable aux enfants du timide, qu'il est généralement
non seulement un conseiller débile, mais encore presque
toujours un juge manquant d'impartialité.

Son isolement moral, en lui faisant vivre une vie intérieure que les autres ignorent, lui impose un idéal qui se
sépare très souvent des idées rationnelles ; mais il n'admet
pas que ce rêve soit factice ; il l'érige en principe et se sent
tout prêt à juger sévèrement ceux qui s'en éloignent.

Il est aussi bien des circonstances où l'enfant devenu
adulte éprouve le besoin de solliciter une protection étrangère : démarches près des maîtres pour les intéresser à lui ;
recherche d'un emploi qui lui permettra l'application de la
science qu'il a acquise ou de ses facultés particulières ; présen-
tations à des personnages dont l'influence peut lui faciliter
l'entrée dans telle ou telle carrière.

« C'est le moment, dit le philosophe, où le chef de famille
devra déployer toutes les qualités de dévouement, de sollicitude et de délicatesse qui doivent être l'apanage de ceux
qui ont charge d'âmes. »

Et il ajoute :

« C'est un père, seulement, qui peut indiquer à son fils

l'imperceptible ligne de démarcation qui sépare un aplomb de bonne compagnie de la hardiesse, qui, généralement, est le défaut des gens sans valeur. »

La timidité du chef est encore néfaste dans la vie de famille lorsque vient l'heure de donner aux enfants l'orientation qui doit les guider dans le choix d'une carrière.

Dans les jeunes âmes promptes à tous les enthousiasmes, ouvertes aussi bien aux nobles manifestations qu'aux engouements artificiels, il est indispensable de voir assez profondément pour discerner les véritables tendances.

Les longues causeries provoquant les expansions, les épanchements propices aux conseils, les confidences lentement amenées, tout ce qui sert de base au discernement de la vocation que l'expérience paternelle doit savoir deviner chez ses enfants est lettre close pour les timides, qui ignorent le don de faire naître les effusions.

Faut-il s'étonner ensuite que le jeune homme, livré aux surprises de son faux idéal, se jette, pour le réaliser, dans une carrière qui n'est pas celle où peuvent se développer ses réelles aptitudes ?

Dans toutes les circonstances de la vie, la timidité est une tare, mais, dans l'existence familiale, elle équivaut, pour le chef, à une faute grave, puisqu'elle est en hostilité latente et continue avec l'énergie, source de l'eurythmie morale et terme suprême des choses (1).

(1) *L'Énergie en douze leçons*, B. Dangennes, p. 121.

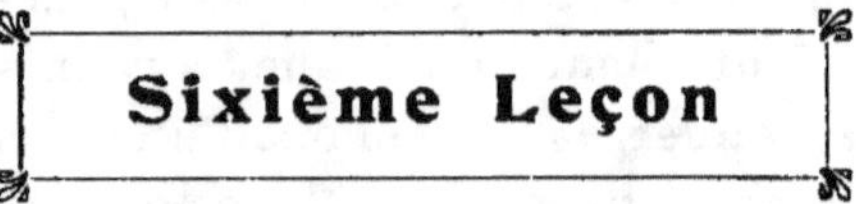

Sixième Leçon

La timidité créatrice de l'envie.

Ils sont bien rares ceux qui pratiquent la sincérité envers eux-mêmes au point de convenir de leurs défauts.

Bien plus rares encore sont ceux qui, après les avoir reconnus, cherchent le moyen de s'en guérir, ou, tout au moins, de les atténuer en attendant de les vaincre complètement.

En revanche, ils sont légion ceux qui possèdent une indulgence indéfinie pour les tares qu'ils ne peuvent nier.

Il est juste de remarquer que, même après la constatation de ces tares, ils n'ont d'autres soucis que de les excuser en invoquant toutes sortes de circonstances atténuantes, qui, dans leur esprit, deviennent autant de prétextes pour différer un effort vers le mieux.

En sorte qu'au lieu de se livrer à un examen de conscience sévère et d'entrer bravement en lutte avec le défaut reconnu, ils tergiversent, tout pleins pour eux-mêmes d'une faiblesse attendrie.

Il arrive même fréquemment que — la paresse de vouloir aidant — on en vienne à se persuader que le défaut en question est, en somme, moins grave qu'on ne se l'imagine.

Bientôt on se familiarise si bien avec lui qu'on ne le considère plus que comme ces petites tares vénielles qui font dire en souriant : « L'homme n'est pas parfait. »

Car la lutte est ennuyeuse, la pente difficile à remonter, et comme les efforts vers la guérison, mal dirigés par une volonté flottante, aboutissent trop lentement, on se pelotonne de nouveau dans une commode indifférence, parente très proche de la lâcheté.

Mais cette quiétude, s'il faut en croire le vieux Shogun, n'est qu'apparente en ce qui concerne le timide.

« L'extrême complaisance que nous avons trop souvent pour nous-mêmes, dit-il, est rarement l'hôte de l'âme des timides.

« Leur dépression, non combattue, devient un supplice qui les punit sévèrement de leur négligence.

« C'est pourquoi il est fort rare de trouver des timides bien-veillants.

« Ils sont, à des degrés plus ou moins marqués, la proie de l'envie qui se glisse en leur cœur, lorsqu'ils constatent leur obscurité, par rapport au succès des autres.

« Il est infiniment pénible pour certains êtres d'assister au triomphe du prochain.

« Cependant, même pour ceux qui manquent d'une certaine noblesse d'âme, ce succès est souvent accepté sans acrimonie, car il n'exclut pas celui qu'ils escomptent pour eux-mêmes.

« On peut encore ajouter qu'ils sont toujours tentés de croire que ce succès sera certainement d'une qualité supé-rieure.

« Il reste donc peu de raisons pour laisser l'envie com-mencer en eux son travail de haine et de désagrégation, car ils ont la persuasion d'une réussite toute proche.

« La plupart d'entre eux, même, y voient non seulement le couronnement de leurs efforts, mais encore l'atténuation, sinon l'effacement complet des avantages du voisin.

« L'approbation et l'admiration leur sont alors faciles, car ils les considèrent comme une aumône protectrice, une simple attention correcte, monnaie que les gens pleins d'eux-mêmes distribuent volontiers à ceux qu'ils regardent comme des compétiteurs peu dangereux.

« Cette générosité égoïste est inconnue aux natures entachées de timidité.

« Le chagrin de ne pouvoir briller à leur tour les dévore et, fussent-ils pleins de mérites, ils enragent de s'avouer leur impuissance à les étaler.

« De là à s'exagérer leur propre valeur et à exécrer ceux que leur aplomb met en lumière, il n'y a qu'un pas, et ce pas, vite franchi, mène à la caverne où rampe l'envie.

« La plus élémentaire raison devrait démontrer aux timides que le parallèle qu'ils établissent est forcément oiseux, puisqu'il ne s'agit pour eux que d'un effort de volonté pour faire montre des qualités qu'ils s'attribuent.

« Un sincère retour sur eux-mêmes, en les faisant convenir de leur défaut, les inciterait à triompher de cet obstacle qui les empêche de se mettre sur les rangs et d'égaler, voire même de surpasser, les mérites de ceux qu'ils jugent si dédaigneusement.

« Ils se convaincraient de la nécessité qu'il y a pour eux de combattre une affection maladive qui, quelle que soit leur valeur ou leur érudition, les laisse perpétuellement dans l'ombre.

« L'envie n'est pas, hélas ! le monopole des timides, mais elle s'accroît, chez ces derniers, du manque de lucidité qu'ils doivent à leur insociabilité.

« Puis, l'impossibilité de communiquer leurs sensations excluant tout avis, qui pourrait les modifier, leur aversion injuste ne trouve pas de bornes qui viennent l'endiguer.

« Bientôt, sous l'influence de la solitude morale qui grossit et déforme les pensées, le moindre geste de la personne détestée, la plus petite démarche ajoutant quelque chose à sa renommée les feront souffrir à l'égal d'une provocation directe.

« Mais loin de se plaindre et d'épancher cette souffrance, qui, bien certainement, ne résisterait pas à de sages considérations, ils la renferment au plus profond de leur cœur, dans lequel la haine éclôt et s'épanouit comme le ferait une graine tombée dans un terrain, dont elle n'est chassée par aucun vent contraire.

« L'envieux par timidité se contente de haïr et de souffrir.

« Pourtant, son être se révolte à l'idée d'un chagrin solitaire ; mais il sent bien la pénurie de ses griefs, et, son invincible manque d'effusion l'empêchant de rechercher les adoucissements qui pourraient lui venir de l'expansion, il se venge de ses déboires sur tous ceux qui l'entourent et dont la présence ne lui inspire pas l'embarras ordinaire.

« Car rien n'est plus naturel, chez les impulsifs, que de faire subir aux autres les conséquences d'une mauvaise humeur causée par le mécontentement de soi-même.

« Dans les reproches immérités dont ils accablent les leurs, il leur semble trouver une atténuation aux fautes qu'ils commettent journellement et que leur faiblesse leur interdit d'éviter.

« Mais ces réprimandes que rien ne motive finissent toujours par amoindrir la sympathie, déjà si ténue, qui lie le timide aux siens et entre eux s'élève trop souvent un sentiment de gêne réciproque, né de l'incompréhension et de l'injustice.

« Et comme tout le monde autour de lui ignore le sentiment qui détermine ses accès d'humeur bizarre, il est impossible à ses amis d'éviter des allusions ou des réflexions qui viennent raviver la plaie qui saigne en lui.

« Lorsque la timidité vient de l'enfant, le cas est infiniment moins grave, car, à force de sollicitude et de délicates attentions, les parents peuvent presque toujours arriver à vaincre ce défaut.

« Ils sauront provoquer sa confiance et pourront, en lui témoignant leur tendresse, réprimer ses rancœurs et l'entourer de leur protection visible.

« Dès lors, il leur sera facile de détruire en lui le mauvais levain de l'envie, car on peut soigner facilement un mal qui ne se dissimule plus.

« Chez beaucoup d'enfants, le dépit de se sentir frêle en face d'une force engendre une blessure d'amour-propre qui dégénère aisément en envie.

« Le rôle du maître est, en ce cas, d'éveiller chez le jeune élève un sentiment d'amour-propre en louant en lui des qualités qui n'existent pas chez celui qu'il jalouse.

« En un mot, il faut d'abord chercher à détruire la sensation d'infériorité qui fait du timide un envieux.

« La tâche est cependant fort difficile, car il s'agit aussi de ne pas tomber dans l'excès contraire en lui donnant un faux sentiment de sa valeur.

« On ne saurait croire à quel point les timides sont subtils dans leurs appréciations indulgentes vis-à-vis d'eux-mêmes.

« Peu d'entre eux avoueront l'envie. Il faut ajouter qu'en se défendant de la ressentir, ils sont pour la plupart de bonne foi.

« Cependant, si leur humeur farouche ne les éloignait pas des conseilleurs, ils devraient reconnaître que leurs antipathies s'adressent surtout aux personnes qui font montre des qualités que leur timidité leur interdit de posséder.

« Un homme brillant, joli causeur, bien fait de sa personne, éveillera toujours l'aversion des timides.

« Ils ressentiront aussi de la haine pour celui qui s'est fait un nom par sa bravoure à la guerre, ajoute Yoritomo, et cette haine s'accusera d'autant plus qu'ils sont plus faibles et plus poltrons. »

Les feuillets suivants amènent un sourire sur les lèvres du lecteur qui constate combien, à travers les siècles, et malgré l'abîme des latitudes, des coutumes et des races, la psychologie du cœur féminin a peu varié.

Car, dans le manuscrit, nous trouvons sur « l'envie et les femmes timides » une étude qui pourrait prendre place dans un numéro de notre plus moderne revue parisienne.

« Chez les femmes, dit-il, la tendance à l'envie causée par le dépit est encore plus marquée : toujours les femmes timides détesteront celles qui brillent par leur beauté et leur parure.

« Elles croient, du reste, avoir trouvé un moyen bien simple de supprimer les avantages physiques de celles dont la renommée leur porte ombrage : elles les nient, s'imaginant naïvement que ne pas les reconnaître, c'est les anéantir.

« Lorsqu'elles ont décrété que la beauté de telle de leurs amies est nulle, non seulement elles sont tout près de penser qu'elles l'ont détruite, mais la plupart d'entre elles croient ainsi rehausser leur propre mérite, qui, dans leur esprit et par comparaison, s'accroît de tout celui qu'elles ont dérobé aux autres. »

Après tant d'années, les observations du Shogun sont encore d'une actualité vive.

Cependant, de nos jours, à l'envie causée par les avantages extérieurs vient s'ajouter la jalousie motivée par l'affirmation de la supériorité intellectuelle.

Ce sentiment explique l'ostracisme dans lequel les femmes insignifiantes ont longtemps maintenu — et tentent de maintenir encore — celles d'entre elles qui s'adonnent à l'art, sous toutes ses formes.

Le rayonnement de ces dernières est une offense à l'obscurité dans laquelle les timides et les femmes sans volonté se sentent plongées pour toujours.

Elles ne considèrent ni les tracas, ni les soucis dont sont abreuvées journellement celles qui luttent pour conquérir et garder leur place dans la phalange d'élite ; leur timidité, leur horreur de l'effort ou leur ignorance les mettant hors d'état de les imiter ; elles préfèrent amoindrir la renommée des autres, plutôt que d'entrer à leur tour dans l'arène et d'y combattre à leurs côtés.

Mais, malgré tout, cette sorte de revanche platonique ne satisfait qu'imparfaitement les timides, et lorsqu'ils nient avec entêtement la supériorité d'autrui, c'est un peu à la façon du renard de la fable qui déclarait les raisins trop verts.

Comme le renard, ils ne peuvent s'empêcher de jeter un regard d'envie vers ces biens qu'ils ne posséderont jamais, et leur rancœur s'accroît du profond dépit de ne point égaler ceux qu'ils affectent de ne pas apprécier.

Il serait facile à la plupart des timides de briller de la même façon et d'acquérir le même renom que ceux-là mêmes qu'ils jalousent. Mais il leur faudrait pour cela sortir de leur isolement et entrer dans la mêlée.

Et les timides ne peuvent supporter la pensée d'accomplir les gestes qui consacrent la rivalité ; ils préfèrent céder la place à ceux qu'ils pourraient, avec de l'énergie, arriver à éclipser, et, de cela, ils conçoivent un dépit qui s'aggrave très vite de tous les ferments de l'envie.

Il est un paradoxe qui consiste à prétendre que le défaut flétri sous le nom d'envie a parfois l'avantage de provoquer l'émulation, amie du progrès.

Cette défense trop subtile d'un sentiment manquant de grandeur ne peut servir de circonstance atténuante à l'envieux par timidité.

L'émulation est le désir soutenu du mieux qui porte à faire les gestes nécessaires pour surpasser les rivaux.

« La condition indispensable pour celui qui veut dépasser ses condisciples en mérite et en valeur, lisons-nous, est de ne point s'illusionner sur lui-même.

« S'il se considère avec trop de complaisance, il se croira bientôt nanti, à un plus haut degré que les autres, des vertus qu'il devrait acquérir.

« Ou, s'il convient qu'il n'est pas encore arrivé à la perfection, il jugera si partialement et plus sincèrement les autres que, les regardant comme tout à fait inférieurs, il ne trouvera pas indispensable de lutter pour s'élever au-dessus d'eux.

« Dans le cas très rare où il serait de bonne foi et conviendrait lui-même qu'il a beaucoup à faire pour arriver au même point que ceux qu'il jalouse, sa timidité — son incommunicabilité — et la conscience de l'embarras qu'il est certain de ressentir l'empêcheraient de se mettre sur les rangs d'une façon profitable.

« Pour être au-dessus des autres, il faut savoir sortir de son apathie, attirer les regards vers soi, et le timide ne peut supporter l'idée d'affronter ses semblables.

« La sensation d'une présence étrangère le paralyse, et la pensée d'accomplir des gestes, de parler, de se montrer en public, de subir des examens, d'exposer sa doctrine devant les maîtres ou de discourir dans une assemblée sur les choses de l'État, le fait souffrir à un tel point qu'il ne peut en supporter l'idée.

« Toute tentative d'émulation est donc interdite aux timides, qu'il s'agisse d'un jeune disciple ou d'un homme qui doit se faire apprécier par son mérite à la guerre et dans les discussions pour le bien de l'État.

« Bien des choses encore le tiendront à l'écart de la vie militante : en première ligne, — et puisque nous parlons du timide envieux, — il nous faut signaler sa propension à la haine injustifiée.

« C'est toujours par intuition que le timide devient haineux. Son premier mouvement est rarement autre qu'une simple impression ; il a vu ou cru voir un sourire et il suppose que ce sourire raillait sa gaucherie ; ou il a remarqué qu'à son entrée le silence s'est fait : il en conclut donc qu'on était en train de médire de lui.

« Ce germe de haine déposé dans son cœur ne tarde pas à porter ses déplorables fruits : bientôt chaque parole des gens détestés, leur bonne humeur, leur gravité, chacune de leurs attitudes, enfin, lui semblent un défi personnel.

« Leur gaieté s'exerce, pense-t-il, à ses dépens ; leur tristesse, il l'interprète comme une marque de mauvaise grâce ; leur expansion est pour lui une bravade et leur réserve une insulte.

« Ce qui fut d'abord une impression se transforme dans l'âme solitaire du timide en un soupçon, bientôt mué en hostilité, et, le travail secret de son imagination aidant, l'hostilité se transforme en une haine d'autant plus tenace, qu'elle n'ose pas se manifester par une agression.

« Les motifs de la haine des timides sont nombreux et obscurs.

« Il leur suffit parfois de s'être trouvés gênés devant une personne étrangère pour ne plus revoir cette personne sans un sentiment d'hostilité.

« Si elle fut l'un des témoins d'une de ces déroutes piteuses qui leur sont particulières, cette impression s'aggravera d'un embarras confinant à l'angoisse, et inconsciemment il l'en fera responsable.

« Le timide est une proie toute désignée pour les intrigants qui, spéculant sur son horreur de se produire, lui épargneront les mille petites démarches qui l'effarouchent.

« Il ne choisit pas ses amis, il les laisse s'imposer, et il n'est pas rare de le voir s'éprendre d'affection excessive pour ceux qui savent habilement le circonvenir.

« Il en est parfois de sincères, mais son caractère heurté et ombrageux les retient difficilement, et la plupart du temps il ne conserve autour de lui que ceux dont l'intérêt dicte la conduite.

« Dans ce cas, l'ami intéressé, bien loin de tenter une guérison, cherchera, au contraire, à maintenir sa victime dans cet état qui lui est si favorable pour la conduite de sa fortune ; il prendra la parole à sa place, lui épargnera certaines démarches qu'il ne peut envisager sans terreur, agira pour lui, prendra des décisions, ira jusqu'à lui éviter la peine de penser.

« En un mot, il ira au-devant de toutes les manifestations qui rendent la vie insupportable aux personnes atteintes de timidité, et l'aidera ainsi à s'enliser dans l'inertie.

« Ces amitiés sont encore propices au développement de l'envie chez le timide, car la duplicité de l'ami entretiendra cette passion qui sert ses intérêts, en éloignant toute autre amitié que la sienne.

« Il cultive ainsi un foyer de rancune dans le cœur de celui dont il exploite le vice et le tient jalousement à l'écart de tous ceux qui pourraient concevoir pour lui une affection éclairée et compatissante.

« Est-ce à dire que les timides envieux sont inguérissables ?

« Non certainement ; mais la cure est toujours fort difficile, car pour s'attacher à eux il faut savoir deviner leur cœur et pressentir les sentiments généreux qu'ils ne laissent entrevoir qu'aux observateurs.

« C'est pourtant une mission bien digne de tenter les esprits d'élite, car la haine est un fardeau terriblement lourd, et il doit être doux de la voir peu à peu disparaître pour faire place au sentiment de large bienveillance que les énergiques connaissent bien et qu'ils choient en eux, car il crée la joie intérieure et emplit la vie de sérénité. »

L'esthétique et la timidité.

Si la vulgarisation de ce mot est récente, la chose qu'il détermine est éternelle.

« A l'inverse de tous les autres instincts, celui-ci, dit Yoritomo, ne prend sa source ni dans le sentiment de la conversation, ni dans cette obscure impulsion de défense individuelle qui régissent la plupart de nos actes ou de nos élans.

« Il provient d'un état d'âme qui se satisfait par la vue de ce qui lui semble se rapprocher davantage de la perfection.

« C'est l'évasion vers l'idéal, c'est une sorte de collaboration avec le Créateur, puisque, par la puissance de notre esprit, il nous arrive d'improviser une chose digne d'admiration à l'aide d'objets inertes.

« Un peintre qui, avec un simple pinceau et un morceau de toile, produit un tableau qui éveillera en nous un élan d'admiration, un musicien qui accompagne sur son luth le récit des exploits guerriers, s'il sait faire tressaillir nos cœurs du même enthousiasme qui anima ceux dont il rappelle les prouesses, sont des créateurs, dont nous sommes nous-mêmes les collaborateurs.

« Il n'est pas nécessaire d'être actif pour jouer ce dernier rôle, il suffit de savoir trouver en soi l'émotion qui, pour un moment, unit notre âme à celui qui la fait naître.

« Cette émotion est le véritable nivellement social, car, étant donné que le but de la vie est de l'embellir noblement, il se trouve que le plus misérable, en admirant un beau paysage, en contemplant un coucher de soleil, en écoutant une harmonieuse musique, ou en assistant de loin à des danses bellement rythmées, peut ressentir une ivresse qui lui donnera cette joie de qualité rare, dont le souvenir vient illuminer le dur labeur des jours.

« Cette recherche du beau doit s'appliquer à toutes les phases de la vie.

« Dès la plus haute antiquité, ce fut la préoccupation des maîtres, et les chefs-d'œuvre qu'ils nous ont laissés prouvent surabondamment quelle importance les peuples anciens attachaient à la beauté de l'attitude.

« Cette beauté spéciale a ce grand avantage sur l'autre, qu'il est donné à tous de l'acquérir.

« Elle provient, non pas d'un don de naissance, mais d'habitudes éveillées de bonne heure chez les enfants par des maîtres épris d'eurythmie.

« Pourtant l'harmonie des attitudes, qui est une des formes les plus parfaites de la beauté, est inconnue aux timides.

« Leurs mouvements sont toujours étriqués, peureux. Jamais ils ne déploient l'aisance qu'on admire chez quelques-uns de ceux qui ne sont pas frappés de cette tare.

« Cette harmonie du geste peut-elle s'acquérir ? Peut-on cultiver la jolie attitude comme on cultive la jolie voix ?

« Oui, si l'on veut bien, dès le premier âge, tenir les enfants en garde contre tout ce qui est de nature à entraver leur grâce naturelle et veiller à ce qu'ils n'adoptent pas de gestes vulgaires.

« Mais, avant tout, il faut les prémunir contre la timidité.

« Quel charme peut-on rencontrer chez celui qu'un rien effare et qui n'a pas assez d'empire sur lui-même pour surveiller l'aisance de ses mouvements, et peut à peine venir à les discipliner ?

« Qu'espérer, en fait de beauté, d'un être qui s'effondre en un trouble qu'il ne peut dominer ?

« Est-ce que les gens qui se noient songent à conserver de belles attitudes en se débattant ?

« Il est donc nécessaire de garder les enfants du défaut de timidité pour les faire participer à cette manifestation de la beauté qui réside surtout dans l'harmonie et dans la science du rythme.

« Pourquoi les laisser attrister la vue de leurs semblables par des mouvements empruntés et disgracieux ?

« Il est criminel de ne pas empêcher de croître ce défaut chez les jeunes êtres, car il les privera de goûter de grandes joies.

« A quoi sert-il que la nature ait mis en eux des dons, si leur timidité — qui est presque toujours une tare artificielle — les empêche de s'épanouir pour le plaisir de tous ?

« Avant d'inspirer à l'enfant le désir de la beauté dans les attitudes les plus familières, il est bon de lui démontrer comment il est possible d'exercer sur soi-même une maîtrise que seuls les principes de la volonté et de l'énergie peuvent développer suffisamment.

« Cela fait, il s'agira de lui faire comprendre l'importance de l'harmonie, non seulement dans les mouvements du corps, mais encore dans les phases de la vie intérieure.

« Il suffit parfois d'une raison bien minime pour semer dans les jeunes esprits les germes de la timidité.

« De ce nombre il faut compter le tort qu'ont certains parents, sous prétexte d'économie, d'affubler leurs enfants de vieux habits qui leur donnent un aspect ridicule.

« Certes, on ne saurait blâmer les parents de ne point inculquer aux enfants des goûts d'élégance excessive, mais ils ne doivent pas non plus, sous prétexte d'épargne, leur infliger le port de costumes trop démodés ou trop étranges.

« Le jeune âge est impitoyable ; la mansuétude n'est pas

son fait, et celui dont ses camarades se raillent ne peut manquer de s'en apercevoir et d'en souffrir. »

Il semble, n'est-ce pas, que ces lignes ont été écrites par un contemporain.

Cette observation, si juste déjà dans une contrée et à une époque où le costume variait peu, est infiniment plus sensible de nos jours.

La première cause d'une timidité invétérée doit être très souvent attribuée à la confusion d'un enfant qui, suivant son langage naïf, « n'est pas pareil aux autres ».

Les brocarts dont ses camarades ont salué l'apparition d'un costume, trop évidemment taillé par des mains inexpertes, ont souvent fait naître chez lui une gêne qui bientôt dégénère en honte.

Si cet élève est appelé à se mettre en vue, soit pour répondre à des examens, soit pour prendre la parole, la sensation des regards moqueurs attachés sur lui augmentera la gaucherie qu'il ressent déjà.

Et comme (on ne saurait trop le répéter) la timidité s'accroissant et s'implantant surtout par la crainte qu'on éprouve d'en ressentir les effets, il arrive que ce détail, dont on sourit, peut avoir une influence énorme sur toute l'existence.

On ne doit pas, du reste, se dissimuler qu'une attitude gracieuse est plus difficile à réaliser sous un costume ridicule que sous des habits ordinaires.

C'est un devoir pour les parents de prendre souci de la correction — sinon de la richesse — du costume de leurs enfants, et en observant cette règle, ils leur épargneront non seulement les petits ennuis du présent, mais encore les rancœurs venant de l'amour-propre blessé.

Enfin, il est une autre raison, plus subtile, — mais combien réelle ! — qui devrait faire réfléchir les parents au moment d'affubler leurs enfants d'oripeaux trop démodés.

Cette raison, le vieux Shogun la développe d'une façon saisissante :

« Ce n'est pas sans motifs, dit-il, que les guerriers se couvrent le visage de masques effrayants ; ils cherchent d'abord, il est vrai, à semer la terreur dans l'âme de leurs ennemis, mais ils s'appliquent aussi à façonner leur âme d'après l'aspect de leur harnois de guerre.

« Vit-on jamais un homme, pendant la bataille, prendre un agneau pour emblème ?

« On adopte toujours un peu de l'esprit qu'on prête au personnage dont on revêt le costume, et l'enfant vêtu d'une façon ridicule prendra, malgré lui, des attitudes sans beauté ; sans compter que, obsédé par le sentiment des railleries qui le visent, il en viendra trop souvent à se renfermer dans un embarras farouche, précurseur de la haine pour ceux qui provoquent sa souffrance et pour les parents qui en sont la cause indirecte.

« La question des costumes fut, en tout temps, importante.

« Il en est qui sont l'indice de la puissance : leurs formes sont imposantes ; elles nécessitent des gestes majestueux qui appellent la gravité et ont leur répercussion dans l'esprit de celui qui les porte.

« D'autres, tels que les costumes militaires, favorisent les mouvements violents et incitent ceux qui en sont revêtus aux actes qui commentent les décisions énergiques et les résolutions pleines de bravoure. »

Ces remarques si profondes, nous pouvons les faire journellement dans nos pays occidentaux, où la plus grande diversité des costumes prête encore davantage à la fantaisie.

Il est incontestable qu'un paysan, vêtu de son habit des dimanches, sera moins brusque, plus policé qu'il ne l'est habituellement.

La crainte de gâcher le beau costume y est bien pour quelque chose, mais on ne peut nier que cette préoccupation n'influence son état d'esprit, et toute sa personnalité s'en trouvera assouplie, tout au moins momentanément.

« Rarement, dit un proverbe japonais, une belle âme se reflète sur un vilain visage. »

Il ne s'agit point ici de beauté classique, bien entendu, mais si par beauté on entend sérénité et eurythmie, le proverbe ne ment pas.

Une belle âme se manifeste toujours par un signe extérieur : mansuétude du regard, douceur du sourire, franchise du geste, sincérité de l'accent, etc.

« L'harmonie des attitudes, lisons-nous plus loin, a cependant besoin d'être complétée par celle de la voix et par l'agrément de la conversation.

« On oublie la beauté de la plus jolie femme du monde si elle ne sait retenir par l'attrait de ses discours.

« Le charme qui vient de la beauté d'un visage s'atténue par l'habitude de le contempler souvent, mais celui qui naît de l'agrément des entretiens est infini, car il se renouvelle constamment.

« C'est pourquoi on ne saurait trop s'attacher à donner aux enfants l'assurance de soi-même qui, en même temps que le sentiment des attitudes, est la base de l'art de la parole.

« Mais, pour y bien réussir, il faut se garder de tomber dans l'erreur de la plupart des éducateurs.

« Sous le prétexte d'aguerrir les enfants et de les accoutumer à parler au public, on commence par leur apprendre par cœur et leur faire réciter des contes dont le sens de la plupart des expressions leur échappe; si bien qu'ils les ponctuent de gestes factices dont la gaucherie fait sourire.

« — Comme il est drôle, dit-on en regardant la mimique embarrassée de l'enfant.

« On oublie trop souvent que si l'on ne remédie pas immédiatement à cette « drôlerie », l'enfant se familiarisera avec ces attitudes empruntées, que le fait de parler devant témoins l'amènera, devenu homme, à ponctuer ses phrases de gestes artificiels et que, s'il provoque encore des sourires, la bienveillance en sera totalement bannie.

« Il n'est pas question, certainement, de plier l'élève à une mimique méthodique, dont l'application paralyserait totalement sa grâce naturelle ; l'initiation, au contraire, doit être lente.

« Le procédé le plus efficace serait de provoquer les gestes naturels par des récits dans lesquels l'enfant traduirait les faits très simples de son existence ; on le ferait parler de ses jeux, décrire une partie de campagne, une fête, etc.

« Et, pendant la narration, le maître attentif ne s'occuperait que de châtier les fautes de langage et de garder l'enfant des gestes vulgaires qui pourraient lui échapper, s'appliquant à laisser à la narration toutes ses qualités de naïveté ou de fantaisie primesautière.

« Il ne faut pas oublier que dans l'harmonie des gestes et de la parole résident ces trois grands principes : la pensée, la sensation et la manifestation de l'idée.

« Les enfants qu'on destine à la vie publique trouveront plus tard dans l'application de ces préceptes une aide puissante dans la réalisation de leur carrière ; les autres y puiseront des joies qui, dans la suite, seront appréciées de tous ceux avec lesquels ils vivront.

« Cette méthode a, en outre, le don d'empêcher l'éclosion de la timidité, presque toujours, comme on l'a vu, fille d'un premier trouble que l'énergie ne vient pas terrasser. »

Que n'est-il donné à maintes mères contemporaines de lire ces aperçus si pleins de justesse ?

Cela nous préserverait peut-être de l'invasion des petits phénomènes qui « disent », à huit ans, des vers de Sully-Prudhomme, avec des gestes de poupées cassées, que notre courtoisie accueille avec des bravos.

En tournant les feuillets qui parlent de l'esthétique dans ses rapports avec la timidité, nous y trouvons encore des réflexions si bien adaptées à la psychologie de tous les temps et de toutes les contrées, que nous ne résistons pas au plaisir de les citer :

« Presque tous les peuples s'exaltent par la vue des danses dont les mouvements révèlent toujours un caractère symbolique : tantôt religieux, plus souvent sensuel et parfois guerrier.

« Faut-il chercher l'origine de ce sentiment — qui n'est propre qu'à l'espèce humaine — dans cet argument des savants prétendant que l'art de la danse est l'auxiliaire précieux de la perpétuation de la race ?

« Ne doit-on pas plutôt y voir une recherche de cette émotion du beau, forme tangible de la marche vers le mieux ?

« Par cette initiation l'âme s'élève, et le plus misérable peut connaître des joies en échange desquelles un riche indifférent offrirait en vain des masses d'or.

« Le plaisir de la danse, pourtant, est un de ceux que le timide n'ose pas goûter, car il s'effarouche et tombe en confusion à l'idée de se trouver en spectacle. »

Cette remarque, déjà vraie il y a bien des siècles, est encore plus juste dans notre vie moderne.

Pour danser, il faut non seulement se résigner à devenir le point de mire de beaucoup d'yeux, mais l'application de l'art de la danse, c'est-à-dire la fréquentation du bal, exige l'accomplissement de tout un rite mondain dont la pratique est bien faite pour effarer le timide.

Il s'agit de se laisser admettre dans le monde, de se faire présenter, de trouver la formule d'invitation, de danser sans maladresse, de parler pendant les instants de repos.

Il faut encore savoir garder assez de présence d'esprit pour éviter les chocs, et, s'il s'en produit, prendre la faute à son compte et savoir s'en excuser, d'une phrase avisée et courtoise.

Tout cela n'est assurément pas le fait d'un timide.

Il en est de même des musiciens : sous l'influence de la timidité leurs doigts se contractent ; l'instrument, sous ce toucher dépourvu de souplesse, ne rend qu'un son court et parfois dénué de justesse, car l'émotion fait trembler leurs mains.

Certains autres sont doués d'une voix délicieuse, mais ils ne peuvent chanter s'ils ont la sensation d'être entendus.

Immédiatement ils deviennent la proie des accidents physiologiques découlant de la timidité : leur gosier se contracte au point qu'ils ne peuvent émettre aucun son, et parviendraient-ils à le formuler, qu'il n'aurait rien de la netteté et de l'ampleur qui nous charment.

En poursuivant notre lecture nous trouvons les réflexions suivantes :

« Jusque dans l'art d'imiter la nature à l'aide d'un pinceau, les timides se dévoilent d'une façon qui leur est préjudiciable.

« Rarement ils osent reproduire les choses charmantes qu'ils rêvent : ils se contentent de sujets d'une banalité évidente, à moins que, prenant une résolution comme on se jette à l'eau, ils dépassent le but et nous montrent des choses extravagantes.

« Ces œuvres déraisonnables sont généralement le résultat d'une composition qui, à son début, fut simplement originale, mais dut subir peu à peu la déformation qui se produit toujours dans l'esprit du timide, car il « n'ose » pas demander d'avis et, ne prenant conseil que de lui-même, s'illusionne sur les déformations de son œuvre, au point qu'il en arrive aux pires excentricités, en croyant simplement s'affranchir de la convention. »

C'est l'avis de beaucoup de physiologues ; ils prétendent n'attribuer qu'à la timidité ces exhibitions qui périodiquement, à l'automne et au printemps, viennent jeter la stupeur dans l'esprit des gens pondérés qui cherchent à comprendre.

Ils se demandent pourquoi tel artiste représente des femmes sans visage, pourquoi d'autres nous montrent des chairs du plus bel azur et des personnages bizarrement contournés.

« Ne cherchez pas, disent les spécialistes ; ce sont œuvres

de timides qui, commencées d'abord rationnellement, se sont peu à peu modifiées sous le pinceau de l'artiste solitaire au point d'étaler des difformités que l'auteur ne *voit pas*. »

Il nous est, du reste, facile de nous rendre compte par nous-mêmes de cette dérivation du sentiment visuel lorsque nous contemplons des gravures représentant les costumes anciens.

Il nous semble impossible que nos pères se soient exhibés et qu'ils aient pu séduire dans un accoutrement aussi ridicule. Mais qu'un caprice de la mode ramène une de ces formes, nos yeux, après le premier moment d'étonnement, s'y accoutument si vite que nous en arrivons non pas à la tolérer simplement, mais à la considérer avec plaisir et à l'adopter.

Cette leçon sur l'esthétique, touchant le défaut qui fait l'objet de ce livre, ne serait pas complète, si nous ne transcrivions quelques réflexions du Shogun sur un sujet particulièrement douloureux : la timidité provenant de la conscience d'une infirmité qu'il est impossible de dissimuler.

« C'est le seul cas, dit-il, où elle peut recéler une délicatesse d'âme.

« Cette confusion part d'un sentiment charitable, qui fait redouter d'affliger la vue des autres par le spectacle d'une laideur.

« Il est pourtant facile de transformer cette crainte en un désir de faire oublier ces désavantages par l'acquisition de dons plus rares.

« N'a-t-on pas vu des hommes difformes savoir charmer par leurs vers ou leurs chants ?

« Est-il besoin de posséder les formes des belles statues pour peindre des oiseaux merveilleux dans des paysages de rêve ?

« Est-ce que celui qui écoute les vers et les chants, est-ce que celle qui, en admirant le paysage, se trouverait vivre par la pensée dans un monde enchanté, penseront à la difformité de l'artiste qui a su leur procurer ces minutes de pure joie ?

« Ce n'est pas des défectuosités du corps dont il faut avoir honte, c'est de celles de l'âme qu'il faut rougir.

« Si l'âme est belle et saine, le visage, si disgracieux qu'il soit, portera cette beauté.

« N'a-t-on pas vu, dans les temps troublés, des hommes dont la laideur était proverbiale, soulever le peuple par leurs discours et posséder l'âme des foules au point de n'en faire qu'une seule, vibrant à l'unisson de la leur ?

« Qui s'inquiétait à ce moment du visage de cet homme, autrement que pour y lire la magnifique passion dont le souffle l'animait ?

« La franchise, la confiance en soi-même, la belle et fière audace qui fait concevoir et exécuter les grandes choses, portent en elles une eurythmie qui, à travers les difformités du corps et du visage, saura toujours nous émouvoir, car l'alliance de ces dons constitue la beauté. »

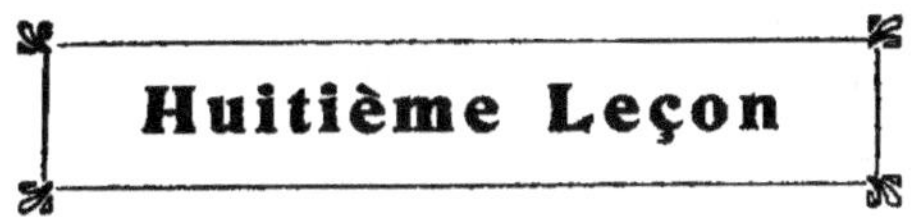

Huitième Leçon

La timidité et les affaires.

Avant tout, Yoritomo émet cet axiome :

« La timidité est la pierre d'achoppement pour celui qui doit chercher sa fortune dans l'accomplissement d'une carrière, quelle qu'elle soit.

« Elle est toujours néfaste, et malgré ses efforts, — la plupart du temps stériles, parce qu'ils sont intermittents et maladroits, — le timide verra toujours son défaut se dresser entre lui et le succès.

« La timidité étant une tendance à éprouver au contact des étrangers un trouble fait à la fois de peur et de honte, ces deux impressions, si elles ne sont pas énergiquement combattues, deviendront bientôt si fortes qu'elles s'érigeront en barrières infranchissables.

« D'autant plus que la faiblesse de vouloir s'accroît chez le timide de l'appréhension d'un acte dont la réalisation l'a déjà fait souffrir. Or, la vie de l'homme qui veut conquérir sa situation est faite surtout de persévérance et d'activité raisonnée.

« L'activité, chez les êtres en proie à cette tare, ne peut être continue, car l'horreur de se mettre en lumière leur fait éviter toutes les démarches qui ne sont pas indispensables.

« Ils ne se décident qu'au dernier moment, et se découragent aussitôt si cette tentative n'est pas couronnée d'un immédiat succès.

« Puis, l'activité demande une initiative qui participe quelquefois de l'audace, en ce sens qu'elle repose surtout sur la confiance en son mérite et sur le désir, bientôt changé en conviction, de faire passer cette confiance dans l'esprit des autres. »

Quant à la persévérance, nous avons vu dans un précédent ouvrage (1) combien cette faculté magnifique couvre de réalités militantes et d'idéalisme fécond.

C'est cet effort constant vers un but désiré qui nous aplanit les difficultés de la route.

« L'homme qui, avant d'entreprendre un voyage hasardeux, négligerait de se munir d'or et de provisions serait exposé à succomber avant d'en atteindre le terme, dit le vieux sage qui ajoute :

« Pour la traversée de l'existence, deux viatiques sont indispensables : la persévérance d'abord et ensuite l'énergie qui permet de la pratiquer.

« Une route ne s'accomplit que par une série de pas dont chacun représente une infime partie du chemin à parcourir, c'est la multiplicité de ces pas, c'est-à-dire la continuité de l'effort qui permet de venir à bout des plus rudes trajets.

« Un des grands écueils du timide, dans les circonstances pratiques de la vie, c'est la difficulté qu'il éprouve à présenter et à défendre ses idées.

« Le manque d'habitude le met à la gehenne lorsqu'il s'agit de convaincre un incrédule ou un adversaire ; puis la mobilité d'impression qui est la caractéristique des âmes faibles l'empêche de fixer sa pensée, et l'embarras habituel aidant, il se décontenance au lieu de lutter.

« Sa volonté défaillante ne lui permettant pas de se représenter vivement les faits, il use pour les traduire d'un lan-

____

(1) *L'Énergie*, BERTHE DANGENNES. Éditions Nilsson, 7, rue de Lille.

gage terne et sans relief, bien peu fait pour imposer la conviction.

« S'il doit défendre son opinion, il se trouve désarçonné
par les moindres arguments de ses adversaires. Les objections imprévues le jettent dans une perplexité qui redouble
sa confusion et l'emplissent d'incertitude au sujet de son
jugement propre.

« S'il veut persévérer, c'est presque toujours un désastre,
car la coordination des idées étant inconnue aux timides, ils
ne peuvent rassembler les faits qu'ils veulent narrer en un
solide faisceau.

« Bientôt leur embarras s'accroît d'une rougeur d'autant
plus douloureuse qu'ils ont conscience de l'effet qu'elle
produit sur leur interlocuteur, et cette constatation ne peut
qu'augmenter leur confusion.

« Dans cette déroute de leur esprit, les meilleurs arguments leur échappent et même au cas où ils voudraient
tenter de les reprendre, le désordre dans lequel ils les conçoivent, joint au manque d'opiniâtreté pour les soutenir, ne
leur laisserait aucune valeur. »

Ces considérations qui étaient vraies en ce temps-là sont
encore plus réelles aujourd'hui.

Le monde n'appartient ni aux humbles ni aux faibles ; un
intrigant, plein d'esprit d'à-propos, aura toujours facilement
raison du timide ; nous n'en voulons pour preuve que cette
petite historiette venue du lointain Japon, qui nous rappelle
maintes anecdotes vécues dans le monde de l'intrigue parisienne.

« Il y avait, dans une petite province, un homme affligé
d'une timidité outrée ; son défaut l'avait toujours tenu éloigné
des hommes et il vivait dans une retraite absolue.

« Mais comme toute créature a besoin de s'adonner à un
plaisir, il cultivait des chrysanthèmes dont la beauté était
célèbre.

« Les aspirations de son âme se satisfaisaient dans la

création de cette magnificence. Fuyant le commerce de ses semblables, il se plaisait dans la contemplation des fleurs qui lui tenaient lieu de famille ; il pouvait leur parler, les admirer, les frôler sans ressentir l'embarras que lui causait toujours la présence des hommes, et de cela, il éprouvait une sorte d'attendrissement, quelque chose comme une confuse reconnaissance envers ces plantes bien-aimées.

« Or, vint un jour où il s'aperçut qu'une main profane avait dévasté ses jardins : les plus beaux chrysanthèmes, ceux dont l'aspect bizarre et somptueux lui avait donné tant de joie, avaient été séparés de leurs tiges, on les avait volés.

« Grand émoi du solitaire, comme on peut le croire, et grande terreur aussi à la pensée de ce dilemne :

« Ou laisser ces vols impunis ou faire les gestes indispensables pour guetter le voleur et l'arrêter.

« Quel combat ! Mais l'amour des plantes, l'indignation l'emportèrent et, à la nuit, l'amateur, qui avait puisé dans sa passion les minutes d'énergie nécessaires, arrêtait l'auteur des larcins et le faisait conduire devant le juge.

« Ce n'était pas sans une appréhension douloureuse qu'il s'y présentait ; mais il s'était assuré contre lui-même en apprenant presque mot à mot les choses très simples qu'il avait à dire.

« Par exemple :

« J'ai surpris cet homme dévastant la plate-bande où
« sont mes beaux chrysanthèmes roses. »

« Le délit étant flagrant tout débat devenait donc inutile et le timide se rassurait en se convainquant de l'impossibilité d'un incident qui le décontenancerait.

« Aussi fut-ce d'une voix presque ferme qu'il prononça la phrase apprise :

« — J'ai surpris cet homme dévastant la plate-bande où sont mes beaux chrysanthèmes roses.

« Mais, ô stupeur, le voleur se retourne vers lui et s'écrie :

« — Ils n'étaient pas roses, ils étaient mauves.

« Tout autre qu'un timide aurait fait état de cette réponse pour établir l'aveu.

« Mais lui, d'abord interdit, ne songea qu'à protester : « Ils sont roses, disait-il. — Ils sont mauves », reprenait le malfaiteur ; et il y mettait un tel entêtement que le malheureux propriétaire, sur une question du juge, finit par balbutier que le rose et le mauve... enfin... le mauve rosé... le rose violacé...

« Tant et si bien que le juge, impatienté, le renvoya à ses jardins, après une semonce dans laquelle il lui reprochait d'avoir fait arrêter un brave homme sans savoir au juste de quoi il l'accusait. »

Cette boutade nippone repose sur une vérité absolue.

L'horreur de la lutte est souvent si forte chez le timide, qu'il préfère se rendre aux raisons de son adversaire plutôt que de soutenir les siennes.

Cet embarras le rend encore inapte aux démarches nécessaires dans chaque profession ; en dehors des visites aux supérieurs et des obligations de son état qui le forcent à se produire, il est aussi certaines attentions dont il lui est difficile de s'exempter :

Visites de félicitations, de condoléance, de convenance, de curiosité, de politique, de recommandation, etc., etc.

Ces dernières sont surtout pénibles pour les timides qui, malgré la croyance qu'ils peuvent avoir en leurs mérites, sont hantés par la crainte de se faire connaître sous un mauvais jour.

Ils savent bien qu'ils ne trouveront jamais le mot qu'il faut dire et que leur embarras influencera en leur défaveur.

Puis, leur peu de « sociabilité » leur fait mal comprendre la différence qui existe entre un vulgaire quémandeur et celui qui se croit autorisé à rappeler à ses chefs qu'il sera heureux d'employer son dévouement à la cause qu'il sert.

Dans les rapports avec leurs inférieurs, le rôle des timides est toujours contraint et, dans maintes occasions, il est celui d'une dupe.

Ils n'oseront pas offrir à un employé un salaire simplement raisonnable; ou si, l'ayant fait, ils se trouvent en face de prétentions excessives, ils n'oseront les discuter.

Réclamer leur dû, sera pour eux un véritable calvaire et l'insolence du débiteur sera toujours, pour ce dernier, un garant contre l'instance des timides.

Ils sont une proie toute désignée à la basse spéculation et aux revendications arbitraires, ainsi qu'en témoigne l'anecdote du savant Hong-Loo :

« Le savant Hong-Loo, dit Yoritomo, était un homme d'une timidité si exagérée que les œuvres principales issues de son cerveau ne sont pas signées de son nom.

« C'est seulement sous le masque de l'anonymat qu'il a osé émettre les magnifiques préceptes que ses contemporains ont si bien appréciés.

« Mais la culture de la science enrichit peu et Hong-Loo, un jour qu'il prit le temps de regarder autour de lui, s'aperçut que ses domestiques, fatigués de se nourrir surtout de la parole du maître, l'avaient quitté et qu'il lui était impérieusement utile de se procurer quelque argent.

« Depuis longtemps, les usuriers, spéculant sur sa timidité et son ignorance de la vie, lui prêtaient, dans les moments de crise, des sommes qu'ils reprenaient au centuple sur ses biens.

« Il arriva donc chez l'un d'eux et, non sans rougir fort, exposa sa situation.

« Protestations de l'usurier : il était ruiné, on pourrait le tuer, on ne trouverait ni or ni argent disponible. Cependant... comme Hong-Loo plus confus que jamais allait partir, les yeux de cet homme se fixèrent sur son habit qui était de beau satin bleu brodé de grands ibis d'or :

« — Écoutez, concéda-t-il, mon bon cœur sera toujours la cause de ma perte. Je ne veux pas vous laisser dans un tel embarras. Je vais vous donner 10 pièces d'or, mais c'est un cadeau, car vous ne possédez plus de terres ni de biens.

« — Oh ! mon ami, que de reconnaissance !

« — Donnez-moi votre habit.

« — Mais je ne serai pas correct pour sortir.

« — Je vais vous en donner un autre à la place.

« Et il tira d'un coffre en laque un vêtement sordide.

« Le savant déguisa mal une grimace. Mais le cas était pressant, sa timidité le mettait mal à l'aise pour discuter, il accepta et changea contre l'horrible loque son beau vêtement brodé d'or, puis tendit la main : rien n'y tomba.

« — Avant tout, dit l'usurier, faisons nos comptes. Je vous achète votre habit 10 pièces d'or que vous devez me rendre dans 30 jours, plus les intérêts. Quant à celui que je vous vends je me contenterai d'une pièce d'or. C'est donc 14 pièces d'or que vous me devrez à la nouvelle lune.

« Hong-Loo acquiesça.

« — Sur quelles ressources comptez-vous pour me payer ? Je vous le répète, il ne vous reste plus un morceau de terre.

« Le pauvre homme balbutia quelques mots confus.

« — Là, vous voyez, dit le vautour, vous ne savez pas ; si bien que, à l'époque fixée, j'aurai le droit de venir chez vous avec des gens de justice et de vous prendre vos manuscrits puisque vous n'avez plus rien d'autre. Ne serait-il pas plus sage, puisque, en ce moment, vous avez de l'argent, grâce à moi, de vous débarrasser d'une partie de cette dette ?

« Le savant voulut faire une objection, mais l'autre répartit :

« — Allons, c'est entendu, je garde les 10 pièces d'or et pour les 4 autres qui me restent dues, je vais vous donner 200 jours de répit.

« Et il poussa vers la porte le pauvre Hong-Loo qui n'osa rien répliquer et tout le long de la route se dit avec mélancolie : « C'est singulier ! Je n'ai pas d'argent, j'ai perdu mon « bel habit, j'ai contracté une dette... Et cependant, c'est juste « tout de même !... »

Cette spirituelle peinture du timide est, dans sa naïveté, saisissante d'observation.

S'il ne se laisse pas toujours duper d'une façon aussi simpliste, il n'en est pas moins à la merci de tous les intrigants qui spéculent sur l'infériorité de sa défense.

Ces observations, si rigoureusement vraies, s'appliquent, dans la vie ordinaire, à tous les gens qui sont obligés pour gagner leur existence de compter sur le concours des autres.

« Le moindre marchand, dit le philosophe, le plus misérable des porteurs de palanquin, aussi bien que l'industriel le plus en renom ; le pauvre commis qui passe des journées à peindre des caractères au pinceau, comme l'homme que sa naissance a placé près du trône, tous ont besoin de cultiver cette aménité avertie et cette aisance d'esprit qui leur permettent de développer les qualités de leur état.

« Si le petit marchand se trouve embarrassé de timidité, il ne pourra lutter victorieusement contre son voisin dont la faconde attirera à lui tous les acheteurs.

« Si le grand industriel se fond en un trouble stupide lorsqu'il s'agit de défendre ses intérêts ou de faire triompher une idée, il laissera bientôt ses concurrents prendre le pas sur lui, et qui ne progresse pas est bien près de la défaite.

« Quant au petit commis, s'il ne sait se distinguer par des actes intelligents ou par l'émission d'idées, habilement présentées, il a de grandes chances de mourir aussi pauvre qu'il a vécu.

« Il n'est pas jusqu'au grand dignitaire qui n'ait besoin de lutter de ruse souriante et d'audace courtoise pour conserver la suprématie de sa situation.

« Les compétitions qui rampent autour des trônes font une obligation à celui qui veut conserver le pouvoir de savoir le maintenir au prix d'une énergie qu'il doit dissimuler sous des dehors aimables, s'il veut se concilier des sympathies qui, à un moment donné, peuvent devenir une force dans les mains de celui qui sait les faire agir. »

Une déplorable propension à remettre au lendemain les

décisions à prendre ou la besogne à accomplir est la faute de tous les timides.

Ils ne sont pas toujours de bonne foi dans leurs promesses vis-à-vis d'eux-mêmes, mais le fait d'avoir différé une démarche les soulage dans le présent.

Puis, les résolutions à long délai sont moins effrayantes et ils s'évitent de s'avouer, mais ils pressentent bien que le lendemain encore les prétextes naîtront en foule pour ajourner aux jours suivants.

Dans les affaires, ce genre d'omission est une des causes les plus fréquentes d'insuccès.

Outre que les choses ainsi remises ont grandes chances de ne voir jamais le jour, il arrive que les négligents, toujours devancés, se heurtent à des portes closes et voient les affaires se conclure sans leur concours.

Mais l'idée de la décision à prendre, si peu important en soit l'objet, les martyrise à un tel point qu'ils ne peuvent s'y résoudre.

Dès qu'ils élaborent un projet, les objections contre ce projet se précipitent en foule dans leur faible cerveau. Veulent-ils adopter la marche contraire ? Ces obstacles qui les effrayaient tout à l'heure leur semblent maintenant de peu de valeur, mais en revanche les raisons qui militaient en faveur du nouveau projet, maintenant qu'il s'agit de les adopter, leur paraissent dénuées de consistance.

S'ils veulent revenir à leur idée première, ils éprouvent le même sentiment, car la haine de la réalisation ne leur fait prendre en considération que les motifs qui plaident contre l'accomplissement d'un acte.

Et ainsi flottants, ballottés par les désirs les plus contraires, ils laissent planer dans leur esprit des aspirations informulées, aussi vite rejetées qu'admises.

Lorsque ce combat cesse d'être intérieur et qu'il doit se traduire par une discussion, le supplice du timide augmente.

Il s'agit pour lui d'un effort considérable, consistant à

donner un corps à toutes les idées imprécises qui le hantent.

C'est alors que nous le voyons s'embourber dans des phrases qu'il n'achève pas, car la pensée qu'elles représentent n'a pas su acquérir dans son esprit une forme définie.

Les mots suivent le cours des idées et viennent en désordre sur ses lèvres.

Il hésite dans le choix de chacun d'eux, prononce une ou deux syllabes, puis, s'apercevant que cela traduira mal ce qu'il voudrait exprimer, il n'achève pas et entame un autre mot qu'il croit mieux approprié, pour l'abandonner encore avant de l'avoir prononcé.

Mais les images qu'il veut évoquer sont si floues, elles sont surtout si diverses, qu'il ne peut, faute d'une concentration énergique, arriver à les fixer suffisamment pour les peindre d'une façon certaine.

Bientôt il se laisse aller à l'angoisse qui le gagne de plus en plus et il accède à toutes les propositions de son adversaire, préférant abandonner la lutte que de se trouver obligé à soutenir une contestation.

On a vu des hommes détenant les pouvoirs publics contraints, par cette timidité qui leur interdisait toute discussion, d'abandonner leur poste pour se réfugier dans une retraite prématurée.

A peu d'exceptions près, ils sont tombés dans une apathie haineuse et dans une nullité défiante où ont sombré définitivement les quelques velléités d'énergie qui illuminèrent leur existence.

Il n'est pas jusqu'au bienfait de l'aumône qui, s'il faut en croire Yoritomo, ne soit interdit au timide.

« On a souvent reproché à certains hommes, dit-il, de n'avoir pas su accomplir un geste généreux, alors que seule la « honte » de ce geste les a retenus.

« Bien des réputations de dureté ont été établies ainsi d'après les apparences, alors que ceux qui portaient la peine de ce jugement étaient simplement des timides que l'idée de faire parler d'eux déconcertait.

« C'est surtout par omission que pèche celui qui est affligé de cette tare ; l'idée de prendre la parole, serait-ce pour annoncer un fait important, lui est tellement insupportable qu'il préfère s'exposer aux conséquences fâcheuses d'un silence coupable.

« J'ai connu une famille de condition modeste qui fut plongée dans la misère par suite d'une de ces omissions.

« Le fils qui les faisait vivre, un jeune homme d'une timidité excessive, était employé chez un riche daïmo.

« Or, un jour qu'il allait quitter le palais pour regagner sa maison, il entendit des crépitements : le feu était dans la bibliothèque où il travaillait.

« Courir chercher du secours fut sa première pensée et, à cet effet, il se précipita dans les couloirs.

« Le daïmo, qui venait en sens inverse et qu'il faillit heurter, l'arrêta par de rudes paroles qui le plongèrent dans un trouble affreux.

« Il voulait s'excuser en disant la cause de sa précipitation, mais sa gorge serrée ne laissait passer aucun son ; sa bouche, dont la salive était absente, ne pouvait s'assouplir à formuler un mot et il restait là, rouge, angoissé et tremblant.

« Le daïmo, qui pensa attribuer son embarras aux remontrances qu'il lui avait faites, haussa les épaules et passa.

« Le pauvre garçon songea bien à avertir quelqu'un du palais, mais comment expliquer son silence vis-à-vis de son maître ?

« Il résolut de s'ouvrir au vieux chef des serviteurs qui lui avait toujours été bienveillant et le chercha à cet effet.

« Quand il le rencontra et qu'il put le mettre au courant du sinistre, il était tard, les manuscrits impayables et les collections rares étaient déjà la proie des flammes.

« Le daïmo le renvoya dans un grand accès de colère et il

traîna, avec sa famille, une existence misérable, tandis que s'il avait pu vaincre son accès de timidité, il eût été, sans doute, félicité et récompensé magnifiquement. »

Un des effets ordinaires de la timidité, c'est d'encourager l'égoïsme.

Or, s'il est bon, dans la pratique ordinaire de la vie, de ne pas se sacrifier sottement, il est parfois maladroit de méconnaître les lois de la générosité.

Ceux auxquels on n'a pas su tendre la main nous dédaignent lorsque leur appui serait nécessaire.

Ceci est encore, selon le sage japonais, une raison puissante de flétrir la timidité.

« Le timide, dit-il, est toujours un égoïste ; s'il ne l'est pas de par sa nature, il le devient de par son défaut.

« C'est moins du monde extérieur que de lui-même qu'il est préoccupé.

« Ses sensations, ses émotions, ses jugements sont toujours subordonnés à son principal souci : l'opinion des autres.

« Il arrive souvent que le timide, de bonne foi vis-à-vis de lui-même, parvient à mettre sa sauvagerie sur le compte de la modestie et se décerne ainsi une couronne qu'on ne lui dispute pas, car le monde appartient à ceux qui veulent fermement le conquérir, et, pour ceux-là, le timide, s'il se confine dans sa timidité, est un adversaire de moins à combattre.

« Dupe de lui-même et de ses sentiments, le timide en vient lentement à se cantonner dans le royaume de ses impressions ; délaissé par les ambitieux qui le méprisent, abandonné par les gens de raison pondérée qu'il a découragés par son attitude, il se borne à traîner une existence médiocre, que ne viennent auréoler ni la fortune ni la gloire qu'il n'a pas su conquérir.

« Et du fond de la solitude qui va s'élargissant autour de lui, il finit par détester l'humanité dont il n'a pas su goûter le charme. »

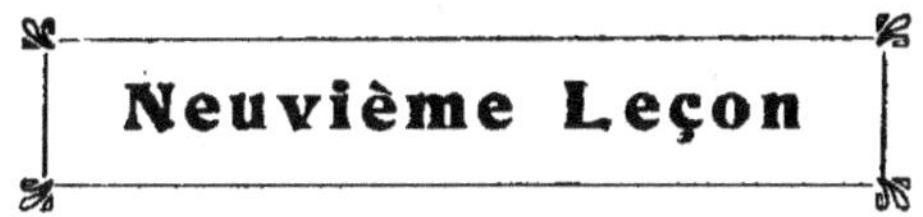

Neuvième Leçon

Éloge de l'audace.

« Certaines vertus sont séparées des vices par une ligne de démarcation si ténue, dit le vieux savant japonais, que faute de pouvoir les discerner clairement, la masse s'y méprend et néglige de les pratiquer.

« C'est le devoir de celui qui s'adonne à la culture des âmes d'élargir le champ des généreux élans et d'apprendre aux plus humbles l'accoutumance à ces vertus, jusqu'alors réservées seulement à une élite.

« Bien peu d'hommes superficiels savent ne pas confondre l'orgueil et la vanité ; la persévérance et l'entêtement ; l'économie et l'avarice, etc., etc.

« Il en est de même de l'audace qui, lorsqu'elle ne se transforme pas en forfanterie stupide, doit être considérée comme une des vertus marchant en tête du merveilleux cortège que conduit l'énergie.

« Il est un axiome japonais qui dit :

« L'audacieux érigera son palais sur les ossements de « l'effronté. »

Pour bien connaître les bornes, si faciles à franchir, qui séparent les audacieux des effrontés et des présomptueux, il faut savoir d'abord en quoi consiste l'audace, dans l'acception noble et énergique de ce mot.

Cette vertu est l'apanage des forts : en elle résident des

qualités essentielles dont la réunion forme un faisceau d'une solidité inattaquable.

Elle demande, nous l'avons déjà dit, de l'énergie, mais encore et en tout premier lieu de la volonté.

Car ces deux qualités, que le vulgaire confond trop souvent, sont distinctes à tel point, qu'il est possible d'être dépourvu de l'une quand on possède l'autre.

La volonté est une faculté puissante de l'âme qui nous permet de trouver en nous la force de prendre une résolution et celle de l'accomplir.

L'énergie (1) est une volonté durable qui prend sa source dans la résolution de la maintenir.

L'énergie, issue de la volonté, la complète en ce sens qu'elle la continue en y ajoutant une idée de vigueur et de ferme maintien.

La volonté ordonne les décisions, mais l'énergie les choisit, car elle nous enseigne le moyen de canaliser cette volonté vers un but précis, en nous déterminant à ne pas dévier des chemins qui y conduisent.

C'est, en un mot, la force dont la volonté est le pouvoir directeur.

« A l'audace, ajoute le vieux Japonais, échoit encore le courage ; il y a bien des sortes de courage dont le plus difficile à pratiquer n'est pas toujours celui que l'on prise sur les champs de bataille.

« Le courage obscur, celui dont le dévouement restera ignoré et qui, par cela même, ne peut compter sur aucune récompense est celui dans lequel il est le plus difficile de persévérer.

« Mais il fait rarement partie du bagage de l'audacieux, qui comporte surtout les déterminations fortes et la bravoure qu'il faut pour les mener à bien, après les avoir conçues.

« Une qualité encore est indispensable à celui qui pratique l'audace : l'ambition.

---

(1) *L'Énergie*. Nilsson, Paris.

« Il est une erreur qu'on ne saurait assez combattre : celle qui se rattache au jugement contre l'ambition.

« L'ambition est indispensable à celui qui veut parvenir aux honneurs et au plus haut degré de la fortune.

« C'est le levier qui soulève les obstacles, c'est le talisman grâce auquel s'ouvrent les portes des cavernes dont les trésors restent ignorés des timides.

« C'est encore l'indispensable viatique dont doit se munir tout homme qui entreprend cette marche vers le mieux, dont le but est de s'améliorer jusqu'à la perfection.

« Dans un seul cas l'ambition peut n'être pas louable, c'est lorsqu'elle a pour fins la bassesse et la cupidité.

« Mais les âmes viles sont rarement capables d'efforts soutenus, et l'adepte de l'ambition doit être doué d'une énergie raisonnée et durable, s'il veut arriver à l'accomplissement de ses désirs.

« On a reproché aussi à l'audacieux sa tendance à briser brutalement les entraves qui pourraient embarrasser sa route.

« Ces objections ne peuvent venir que d'esprits étroits, s'encombrant du souci des détails, au lieu de ne voir que le résultat.

« Si le but est noble et s'il est magnifiquement rempli, le bien qui en ressortira pour le grand nombre l'emportera d'un tel poids, que les sacrifices accomplis ne sauraient entraîner de regrets.

« En aucun cas l'audacieux ne peut se confondre avec le téméraire.

« L'audacieux excelle à juger le rapport des choses et leurs conséquences.

« Le téméraire, lui, néglige les conditions dans lesquelles elles se présentent et voit seulement le but qu'il se propose de toucher. »

Et à l'appui de ce dire, nous trouvons quelques lignes plus loin cette anecdote symbolique, dont la couleur naïve est un des charmes de la morale du philosophe nippon :

« Deux hommes étaient partis pour courir à la recherche de la Fortune.

« C'est en vain qu'ils avaient parcouru les champs et les monts, ils n'avaient pu relever aucune trace de la capricieuse femme.

« Ils commençaient à se désepérer, lorsqu'un soir, dans le rayonnement rose du couchant, ils arrivèrent sur les bords d'un marécage semblant leur fermer la route.

« De l'autre côté, des pelouses verdoyantes et des arbres chargés de fleurs sollicitaient leur désir.

« Ils cherchaient en vain le moyen d'y parvenir, mais le marécage profond semblait le seul point de jonction.

« Or, sous peine d'un enlisement inévitable, il ne pouvait être question de s'y aventurer. Ils songeaient donc à revenir sur leurs pas pour tâcher de découvrir une autre route, lorsque, sur l'incendie du ciel, une forme se dessina. C'était elle à n'en pas douter, c'était la Fortune qui, d'un geste de la main, les appelait en souriant.

« Tremblants d'émotion, ils restèrent muets un instant, suivant des yeux la femme qui les conviait à la rejoindre. Elle marchait en côtoyant la rive.

« — La vois-tu ? dit l'un deux.

« — Oui, repartit son ami, il faut aller vers elle.

« — Mais comment ?

« — Par le plus court chemin, s'écria-t-il en faisant mine de se précipiter en avant.

« — As-tu perdu l'esprit, dit son compagnon en le retenant. Tu sais bien que ces marécages engloutissent ceux qui sont assez téméraires pour s'y hasarder.

« — Qu'importe ? Il faut avant tout atteindre la Fortune.

« — Et à quoi nous servira-t-elle si nous perdons la vie ? Aide-moi plutôt à couper les branches de ces arbres qui nous constitueront une sorte de radeau.

« — Et si elle disparaît ?

« — Nous en serons quittes pour courir après elle.

« Mais, sans l'écouter davantage, le téméraire s'arracha à l'étreinte de son ami et se précipita dans le marais qui le happa comme une proie.

« Pendant ce temps, l'autre avait arraché des branchages qu'il jetait sur la surface vaseuse, les entremêlant avec soin.

« Certes il risquait encore sa vie, mais il ne courait pas, comme son compagnon, à une mort certaine, et, dès qu'il jugea le gros danger conjuré, il prit son élan et sans s'effrayer du craquement des branches qui, derrière lui, disparaissaient dans la boue morne, en quelques bonds il aborda sur l'autre rive.

« La Fortune, qui, lors de la tentative du téméraire, avait continué sa route en souriant dédaigneusement, s'arrêta un peu, intéressée par les efforts de l'audacieux, qui fut assez adroit pour se saisir d'un coin de son manteau avant que de l'avoir perdue de vue. »

Toute la différence entre l'audacieux et le téméraire tient enfermée dans cette fable.

Bien entendu, les conditions ne sont pas toujours favorables à l'œuvre que l'audacieux entreprend, car alors il ne mériterait pas son nom; mais il n'hésite pas à s'engager, lorsqu'il les croit suffisantes à établir les bases d'une entreprise pour les bonnes fins de laquelle une audace intelligente et réfléchie est indispensable.

Car, dès qu'il aura pesé les conséquences de ses actes, il agira bravement, bellement, entrant avec confiance dans une lutte pour laquelle il se sent bien armé.

On a reproché à l'audacieux le culte du « moi » qui se traduit par un mot d'emploi moderne : l'égotisme.

Si c'est une marque d'égotisme que d'avouer ouvertement ses qualités et de savoir les discerner, l'audacieux est certainement un adepte de ce culte, car il n'a aucune propension aux sacrifices obscurs : il veut la réussite et marche les yeux fixés sur le but final, le succès.

7

C'est ce que nous démontre l'apologue suivant, que nous cueillons encore dans la riche collection des fables de Yoritomo :

« Du temps où les enchanteurs daignaient mettre leur pouvoir au service des mortels, l'un d'eux avait fait construire un escalier gigantesque, dont le dernier degré touchait au seuil du palais de la Science universelle.

« Tous les appelés ne devenaient pas des élus : les uns s'arrêtaient dès les premières marches pour entrer dans les refuges que leur offraient les connaissances secondaires; d'autres parvenaient jusqu'aux parvis où, sous des colonnades magnifiques, les attendaient les philosophes et les savants.

« Bien restreint était le nombre de ceux dont le pied foulait la dernière marche, car l'ultime montée était rude et il fallait une âme bien trempée pour s'engager sans faiblesse sur cet escalier qui ne présentait aucun point d'appui; aussi les précipices au-dessus desquels il s'élevait étaient-ils jonchés des cadavres de ceux qui avaient trébuché dans l'ascension.

« C'étaient ceux des téméraires qui s'étaient élancés sans avoir aguerri leur âme et leur corps à vaincre les pièges du vertige.

« Mais les audacieux qui s'étaient préparés par la pratique d'une énergie constante aux efforts physiques et intellectuels, ceux qui, avant de partir pour la conquête de la Science universelle, avaient su apprendre à se vaincre eux-mêmes, ceux dont la virilité morale avait été la sauvegarde contre le vertige du vide, car elle leur donnait l'énergie voulue pour ne fixer que le ciel, ceux-là seuls pouvaient prendre rang parmi les élus. Aussi, parvenus à la dernière marche, ils se voyaient reçus par les hommes, possesseurs des secrets éternels. Ils les initiaient aux mystères et faisaient d'eux des créatures quasi divines. »

L'audacieux est donc celui qui sait marcher à la poursuite

d'un but en bravant des dangers dont il a apprécié l'importance.

Il ne se laisse jamais séduire par des mirages ; il ne conçoit que les entreprises dont la précision plaît à son caractère résolu.

« Celui qui ne juge la vie que par ses rêves, dit Yoritomo, est bien près d'une éternelle déception, car il ne distinguera jamais la vraie route. »

L'audacieux la pressent toujours, lui, et quand il s'y est engagé, rien ne peut l'attirer dans les sentiers qui la croisent.

Il méprise ou combat les obstacles et marche vers le mieux, tout plein de cette pensée : « Il faut oser ; l'univers est aux audacieux. »

Dixième Leçon

Acquisition de l'aplomb.

Lorsqu'on réfléchit à tous les inconvénients de la timidité, depuis les plus ordinaires ennuis quotidiens jusqu'aux conséquences plus graves qu'elle peut entraîner; on éprouve le désir que l'on ressent devant toute maladie : la recherche de la guérison, ou tout au moins du soulagement.

La timidité est-elle un mal guérissable ?

« Sans nul doute, dit Yoritomo, et pour y arriver facilement il s'agit simplement de soumettre le timide à un traitement moral qui amènera un bouleversement insensible d'abord, puis de plus en plus marqué, dans son état d'esprit, dans sa façon d'envisager les choses et dans la fermeté de ses résolutions.

« Parlons d'abord de l'état d'esprit : le timide, nous l'avons vu, est tantôt frappé de stupeur, tantôt dévoré de honte, tantôt gonflé d'une suffisance qui lui fait penser que ses moindres gestes sont commentés.

« Il lui arrive aussi de se laisser influencer par ses pensées, au point que ses réflexions solitaires prennent insensiblement une forme très éloignée de la forme initiale.

« S'il s'aperçoit de l'incrédulité qu'il provoque en émettant ses théories résultant de l'embarras, sa logique insuffisante le fait souvent se répandre en affirmations exagérées qui accroissent le doute et le changent bientôt en conviction contraire, ce qui redouble sa colère et l'invite involontairement à recourir au mensonge.

« Il est souvent injuste, en vertu de cette propension que nous avons de faire subir aux autres les conséquences de nos fautes.

« Pour remédier à cet état, le timide doit avant toutes choses s'inspirer de l'énergie qui permet la concentration; non plus cette concentration nuisible qu'il a pratiquée jusqu'à présent, mais l'examen de soi-même qui permet de reconstituer tous les faits d'une journée, sans les grossir ni les négliger.

« Il devra donc porter son effort sur cette recherche qu'il fera de la façon la plus consciencieuse.

« Cela lui permettra de se familiariser lentement avec les qualités qui sont, en quelque sorte, l'alphabet de l'énergie.

« Si, pendant ce temps, sa pensée lui échappe et prend une autre direction, il lui faudra la ramener sans trêve et reprendre la chaîne des souvenirs de la journée là où ils les aura laissés.

« Cet exercice est indispensable pour la guérison du timide, car au cours de ces rappels il trouvera vingt motifs de confusion ou de colère contre lui-même.

« Pendant trente ou quarante jours, il ne devra pas chercher autre chose que de parvenir à la concentration la plus rapide et la moins distraite possible.

« Son seul souci, pendant cette première période, sera l'examen de ses journées, examen qu'il devra obtenir de plus en plus minutieux.

« Pour cela il est bon de se tenir dans une position couchée, ou tellement commode que le maintien de l'attitude ne soit pas une préoccupation.

« Ensuite il faut fermer les yeux et se laisser aller à une détente de tout le corps.

« Cela fait, évoquer les incidents de la journée avec la volonté, de plus en plus constante, de ne point se laisser aller à des rêveries qui viendraient interrompre leur enchevêtrement.

« Celui qui obtient ce résultat est un candidat à la guérison certaine ; il pourra donc ensuite aborder les autres parties de sa tâche.

« Après s'être soigneusement rappelé tous les faits d'une journée, il devra les considérer par rapport au défaut qu'il veut combattre.

« Si, par exemple, il s'est trouvé coi devant un compliment ou une remarque à laquelle il devait répondre, il préparera cette réponse comme s'il avait à la faire et la redira plusieurs fois, s'étudiant à parler lentement et sans balbutiement.

« Si, au contraire, il s'est laissé aller à un excès d'exagération, il devra sévèrement s'interroger, et, dégageant sa personnalité de son jugement, apprécier ses affirmations comme il le ferait pour celles d'un étranger.

« Bien des fois il se trouvera rétrospectivement confus en constatant de sang-froid combien il a été ridicule.

« Mais loin de s'en désespérer et d'en concevoir une aversion pour le monde, il devra, au contraire, s'armer de la ferme résolution d'éviter désormais de pareils écarts.

« Cette détermination est le point culminant de la cure du timide ; c'est ce qui devient le plus difficile d'obtenir de lui.

« Il ne pourrait s'y résoudre s'il ne s'y était préparé par le premier exercice de concentration.

« Ces trente à quarante jours pendant lesquels, tous les soirs, son attention aura été rigoureusement disciplinée auront déjà mis en son âme un esprit de coordination qui lui était inconnu.

« Pendant ce temps, les efforts pour arriver à classer les menus faits de chaque journée et pour maintenir l'application à en suivre la filière, sans laisser son imagination dévier, auront lentement fait éclore en lui des centres d'énergie qu'il ne soupçonne pas encore, mais qui sont tout prêts à entrer en action.

« C'est pourquoi, si longue qu'elle puisse paraître, cette première partie de la cure du timide est indispensable, et il serait mauvais de la supprimer ou même de l'écourter.

« Lorsque, réconforté par cette période d'appel constant à l'ordre de la pensée, il en arrivera à ne plus être complètement l'esclave de sa débilité morale, il lui sera plus aisé de prendre la résolution de s'observer désormais.

« Pour cela, il devra, après avoir évoqué les phases de son outrecuidance, les revivre en quelque sorte, mais en les modifiant suivant ce qu'elles auraient dû être.

« Il se rappellera, autant que possible, le mot à mot des pensées excessives qu'il a formulées et dira tout haut, non plus cette fois les phrases qu'il aurait dû dire, mais celles qu'il a dites afin de se bien convaincre de leur puérile forfanterie.

« Puis, ceci fait, il reprendra la discussion en son esprit, remplaçant les idées bizarres qu'il a soutenues avec entêtement par des formules appropriées à la circonstance et puisées dans le domaine de la pondération.

« Il s'étudiera à redire ces phrases en s'appliquant à trouver les mêmes mots et en s'imaginant fortement les prononcer devant témoins.

« Puis il songera aux occasions qu'il peut avoir de se retrouver dans les circonstances analogues, et il préparera des réponses aux questions qu'il croira susceptibles d'être agitées.

« Ces réponses, il les dira à haute voix, en ayant soin d'articuler chaque syllabe et de se garder d'un balbutiement fâcheux.

« Enfin il prendra la résolution de ne plus se laisser aller aux grotesques fanfaronnades et d'envisager avec calme les objections de ses interlocuteurs.

« Ces objections, du reste, deviendront moins fréquentes à mesure que ses dires seront plus sobres et son attitude plus calme.

« Pour éprouver la fermeté de ses résolutions, il devra s'imposer une tâche. Par exemple, d'aller le lendemain chez telle ou telle personne et de la saluer d'une formule qu'il préparera avec soin.

« Il est bon, autant que possible, de choisir une personne que ses fonctions obligent à des réceptions nombreuses ; les échanges de propos se trouveront ainsi écourtés et il sera d'autant plus facile au timide de dire les mots appris, qu'il prévoira toute proche la fin de ce qu'il considère comme un supplice.

« Si l'examen lui reproche une irritation intempestive, après avoir longuement réfléchi sur les causes déterminantes de son emportement et en avoir reconnu la puérilité, il cherchera, le jour suivant, à faire renaître l'incident qui causa son trouble afin de pouvoir s'y dérober ou le maîtriser, s'il le sent poindre.

« Ou bien si, ce qui est le plus fréquent, l'embarras qui le jeta en confusion a été provoqué par un accès de rougeur inopiné, le mieux est de s'habituer à revivre par la pensée les événements qui ont provoqué cette rougeur, à dire tout haut les mots qui l'ont amenée et à se familiariser le plus possible avec l'incident qui l'a causée.

« Le meilleur moyen d'y arriver, c'est d'en parler résolument, même si on pense que cette allusion va faire monter la rougeur redoutée.

« Dans ce cas, au lieu de se replier lâchement, il faut faire tête à l'ennemi et, la vague rose passée, continuer sur ce sujet, ou même le reprendre s'il a été abandonné et insister jusqu'au moment où l'émotion ne se manifeste que faiblement, sinon plus du tout.

« Pour ce qui est de la pondération dans la façon d'envisager les choses, c'est le point délicat de la timidité.

« On ne saurait trop le répéter : c'est dans la solitude que les pensées se modifient au point de subir une altération qui les transforme.

« Il est donc très difficile d'arriver à empêcher cette métamorphose de l'idée première, si le timide garde ses réflexions par devers lui ; il sera donc bon qu'il s'exerce à les communiquer. Cependant il devra bien se garder de les défendre s'il remarque un étonnement chez ses interlocuteurs.

« Le mieux est, dans ce cas, d'en revenir au point de formation de l'idée pour la comparer à ce qu'est devenu son développement, en suivant toutes les étapes de ses variations insensibles.

« C'est là une preuve incontestable que le malade peut seul acquérir et qu'il pourra facilement contrôler s'il s'y est préparé par le premier exercice.

« Quant à la fermeté des résolutions, elle ne pourra s'obtenir que graduellement, mais encore qu'il retombe souvent dans ses faiblesses, le timide devra, dans son examen journalier, ne pas manquer d'enregistrer les quelques victoires qui lui permettront d'en espérer de plus considérables.

« Il en arrivera à ce qu'on pourrait appeler la timidité préventive, c'est-à-dire à une simple appréhension que la raison combat et qu'elle arrive à vaincre au moment de l'action.

« Le timide en voie de guérison se trouvera encore bien souvent martyrisé à l'idée d'accomplir tel acte ou de faire telle démarche ; mais sa raison, provoquée par l'habitude de l'examen journalier d'où dérive le jugement de sa conduite, lui dictera la résistance à ses instincts.

« Il souffrira certainement encore, mais ne se dérobera pas et en viendra par degrés à se débarrasser complètement de cette appréhension, en constatant à quel point elle était vaine.

« En effet, l'angoisse du timide repose presque toujours sur la crainte d'une déroute, et il ne pourra se libérer de cette anxiété qu'en se prouvant à lui-même à quel point elle était mal fondée.

« Lorsque cette victoire sur l'état d'esprit sera en bonne

voie, il faudra se préoccuper de l'état extérieur, c'est-à-dire de la gaucherie, du trouble, du balbutiement, de la maladresse qui sont d'autant plus à redouter que ces défauts entraînent chez le timide la confusion qui le fait retomber dans son isolement, car il redoute de s'exposer à de nouveaux affronts.

« Il est donc bon qu'il s'accoutume à envisager la nécessité des manifestations extérieures. Par exemple, s'il doit se présenter dans une assemblée, il lui sera salutaire d'y penser longuement, en vertu de ce principe que la répétition d'une émotion engendre l'habitude et arrive à émousser, sinon à faire disparaître, la vivacité de l'impression première.

« Il faut donc que l'idée du geste à accomplir devienne assez familière au timide pour qu'il finisse par l'envisager sans trouble.

« Il sera temps alors de se préoccuper des moyens qui le garantiront des inconvénients dont, jusqu'alors, il a souffert.

« Pour remédier à la gaucherie, il lui faudra s'exercer à marcher avec aisance et à se présenter sans disgrâce.

« Ce résultat peut être obtenu par une application, sinon constante, du moins fréquemment renouvelée.

« Il s'étudiera à porter la tête haute sans exagération et à regarder en face ; bien entendu, il ne pourra soutenir longtemps cette attitude qui lui est nouvelle, et le mieux pour lui sera d'assigner un temps, d'abord très court, ensuite plus prolongé à cette sorte d'étude.

« Les premiers jours il s'efforcera de garder ce maintien pendant cinq minutes ; trois ou quatre jours après, pendant dix minutes, puis pendant un quart d'heure et ainsi de suite.

« Mais pour que ce traitement ait un effet satisfaisant, il doit être obtenu sans défaillance ; c'est-à-dire que si pendant le temps de l'exercice la résolution a fléchi, si l'on a détourné les yeux avec embarras devant le regard hardi d'un passant, si l'on s'est départi, ne serait-ce que quelques secondes, du port de la tête ou du redressement du corps, il faudra recommencer jusqu'à ce qu'on ait pu conserver ce maintien pendant le temps qu'on avait résolu de le soutenir.

« Il est bon aussi de s'exercer à aborder dans la rue les gens de connaissance.

« Il faut débuter par des phrases très courtes qu'on a préparées à l'avance et qui peuvent s'appliquer à tout le monde : des nouvelles de la santé et des affaires générales. L'écueil des timides est de ne jamais être simples ; c'est très souvent parce qu'ils veulent être compliqués et en imposer aux autres qu'ils en arrivent aux échecs que nous savons.

« Ces entretiens devront être très rapides, car le principal est de ne pas laisser naître l'embarras, et il est esssentiel que le timide sorte de ces échanges de compliments avec un contentement de lui-même qui lui inspirera courage pour une autre tentative.

« Si le balbutiement se produisait, il faudrait, de retour chez soi, répéter la phrase malencontreuse, très lentement d'abord, puis plus vite, en articulant largement, c'est-à-dire en exagérant les mouvements de la bouche et des lèvres, jusqu'à ce que les mots se prononcent pour ainsi dire mécaniquement.

« Mais ce n'est pas tout, et la victoire n'est pas complète si le lendemain, à la même heure, on n'a pas cherché une occasion de dire cette même phrase à une personne rencontrée.

« Si l'on y parvient, ce sera un double progrès, puisqu'on sera arrivé à vaincre à la fois une appréhension et une défection physique.

« Quant à la maladresse — apparente, sinon effective — il est nécessaire de la corriger par le soin qu'on prendra de s'observer dans la solitude et de répéter les actes qu'on prévoit pour le lendemain.

« Ainsi, si l'on doit faire des visites, il faut s'étudier à entrer dans sa maison comme si c'était une habitation étrangère. Si l'on répète à satiété les gestes que l'on doit faire le lendemain, ces gestes deviendront familiers et on les trouvera tout naturellement lorsqu'on sera en public.

« L'essentiel c'est de ne rien chercher de compliqué. Il faut que le naturel, chassé par la timidité, revienne tout doucement et finisse par la forcer à déguerpir.

« Dès que ces premiers pas seront faits, le reste viendra plus facilement et, n'étant plus l'esclave d'une tare, il sera loisible aux timides de donner essor aux facultés qui dorment dans leurs âmes.

« Ne se trouvant plus sous l'influence du défaut qui les isolait du reste du monde, ils pourront songer à conquérir le succès et perdront ainsi l'habitude de l'envie.

« Si le vieux levain tentait de germer encore en eux, il leur faudrait l'arracher instantanément. Un timide qui ne veut plus l'être doit être rigoureusement sévère vis-à-vis de lui-même s'il désire franchement et à tout jamais guérir. »

S'il était un commentaire à ajouter aux sages préceptes du Shogun, ce serait certainement pour conseiller à ceux qui aspirent réellement à la guérison de s'adjoindre des avis et une protection éclairée pour les soutenir et les faire persévérer dans la voie difficile de l'amélioration.

D'abord le fait de se confier à une sorte de médecin spirituel sera, pour le timide, un pas fait dans la voie de la sociabilité ; ce sera aussi un contrôle pour le cas où l'habitude l'inclinerait à transposer l'idée première en un principe dénué de vrai sens.

Ce sera également un auxiliaire précieux qui le préparera aux joutes des discussions futures.

Mais, dira-t-on, cela n'aurait-il pas l'inconvénient d'habituer le timide à se réfugier dans la volonté d'autrui, au lieu de penser par lui-même ?

Non, si le mentor est un homme conscient et sage, car il

saura envelopper son élève des effluves de sa volonté propre et lui suggérer le sentiment de la force qui est en lui.

Le timide est très souvent semblable au peureux qui tremble dans la solitude et se rassure en compagnie d'un enfant, dont la faiblesse, pourtant, ne pourrait lui être d'aucun secours.

Il lui suffit de sentir une présence autour de lui pour voir s'évanouir les fantômes qui le hantaient quand il était seul.

On a vu des timides atteints de la folie des espaces ne pouvoir traverser une place tout seuls et s'y aventurer délibérément s'ils étaient accompagnés de l'enfant qu'ils étaient chargés de protéger.

Comme tous les débilités, le timide a besoin de sentir un appui, si fragile soit-il, et cette protection sera d'autant plus appréciable qu'elle viendra d'un homme autorisé, dont la bienveillance et l'indulgence assurées lui seront un réconfort.

Mais le rôle de ce médecin d'âme demande une délicatesse infinie, car une tutelle trop franchement accusée aurait sur celui qu'il veut sauver une influence détestable.

Il devra, au contraire, considérer son malade comme un enfant qui, pour arriver à marcher seul, doit être, de temps en temps, livré à lui-même, mais pourtant ne se lance avec confiance que s'il se sent à portée de la main qui le préservera de la chute.

Il faut qu'une liberté relative vienne éveiller dans le petit être le sentiment de responsabilité pour y faire naître celui de la conservation, et si la mère ne le laissait pas sortir de ses bras, il s'accoutumerait si bien au giron maternel qu'il ne pourrait s'aventurer sans accident.

Donner au timide l'assurance qu'en cas de confusion il sera sauvé du ridicule, c'est lui fournir le moyen de sortir de son mutisme ; de même que combattre ses propensions à l'outrecuidance, c'est lui faire admettre la juste proportion des choses.

Dans cette cure si délicate de la timidité, le rôle du médecin consiste donc surtout à maintenir dans l'esprit du malade les résolutions qu'il prend, mais que l'atrophie de sa volonté l'empêche souvent de soutenir.

C'est encore de le préparer lentement à une mutation complète dans son apparence et dans ses convictions.

C'est surtout de prévenir le retour des choses qui sont de nature à provoquer les accès de trouble et d'embarras, précurseurs des déroutes.

Et si malgré tout un incident de ce genre se produisait, l'intervention du mentor serait encore précieuse, **car il devrait s'efforcer d'en diminuer l'importance en persuadant au malade que cet accroc a passé inaperçu.**

S'il pouvait feindre de l'ignorer lui-même, il en réduirait d'autant la gravité et les chances de récidive.

Yoritomo se préoccupe aussi vivement des soins que le guérisseur doit prendre pour apaiser, sans l'inquiéter, le besoin méconnu de sympathie qui hante tout timide.

« Une trop grande expansion, dit-il, n'aurait d'autres résultats que de l'effaroucher ; c'est par degrés insensibles qu'il faut conquérir sa confiance.

« Il doit, avant tout, sentir autour de lui une direction ferme et éclairée, nuancée d'une grande indulgence et d'un intérêt qui le flatte, car sa réclusion morale l'a toujours empêché de se dévoiler et on néglige volontiers ceux qui ne prennent pas soin de se faire connaître par leurs œuvres et par leurs discours.

« Le timide sera donc doucement flatté de voir qu'on attache de l'importance à sa personnalité ; il sera moins défiant de lui-même devant celui qui lui fait entrevoir qu'il peut le comprendre et tout doucement, entre le maître et l'élève, s'épanouira la confiance, qui descellera les lèvres de ce dernier.

« Si le médecin sait lui inspirer la foi en sa protection et faire rayonner autour de lui l'énergie qu'il détient, le timide en viendra peu à peu à rechercher l'appui de cette force, qui, lentement, s'infiltrera en lui et arrivera à modifier son état sans qu'il ait eu besoin d'y songer trop profondément.

« C'est alors que la cure devient facile, et tout ce qui a été dit à ce sujet peut être mis fructueusement en pratique.

« Car pour supporter avec persévérance les difficultés de la tâche, il est une vérité qu'on ne saurait trop se redire :

« Le timide est parfois la chrysalide d'un beau papillon, qui, faute du soleil et des soins qui amènent l'éclosion, périt misérablement dans sa déplaisante enveloppe, au lieu de nous charmer par sa grâce et ses brillantes couleurs. »

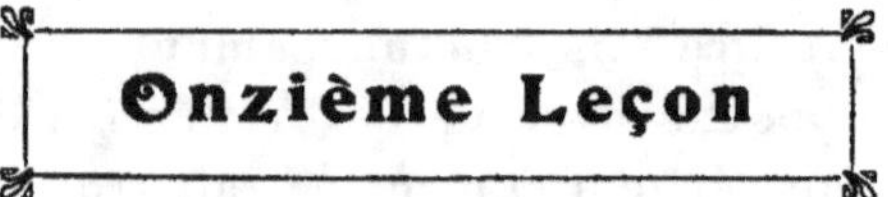

Onzième Leçon

La conscience de sa valeur.

Les timides, si l'on en croit Yoritomo, peuvent, comme bien d'autres, avoir la conscience de leur valeur, mais il est bien rare, dit-il, que cette conviction leur donne le désir de s'évader de leur défaut.

« La conscience de sa valeur aboutit rarement, chez le timide, à un autre sentiment que celui de la vanité.

« C'est pour lui une raison de se fortifier dans sa timidité et de s'isoler dédaigneusement en jouant le rôle d'un méconnu.

« Les jugements des autres lui semblent tous, à son égard, entachés d'injustice; mais cette impression le fait moins souffrir qu'on ne pourrait le penser; il y puise une sorte d'orgueil très spécial qui le fait s'admirer lui-même pour la façon dont il supporte les appréciations dénuées d'indulgence.

« Il n'est pas jusqu'aux humiliations qui n'aient le don d'éveiller en lui l'admiration pour le stoïcisme avec lequel il les subit.

« Il est vrai que cet orgueil se greffe d'une énorme dose de suffisance, à laquelle s'adjoint un mépris profond pour ceux qui ne le comprennent pas.

« Il oublie de s'avouer que lorsqu'on n'exprime rien, il est difficile d'être prisé pour ses connaissances ou pour son esprit.

« Cet orgueil-là n'est pas recommandable, à coup sûr; ce n'est pas le fier sentiment qui élève l'âme, et il est de toute nécessité de le combattre, car il donne à celui qui le ressent la faculté de se complaire dans une diminution de sa personnalité.

« Il ne faudrait pas non plus confondre le sentiment très noble de la conscience de sa valeur avec celui de la vanité ou, pis encore, de l'adoration du « moi » qui est le vice principal du timide.

« S'il se targue de supporter sans faiblesse des douleurs imaginaires, c'est que, toujours à cause de l'isolement qui le prive de tout moyen de controverse, les opinions du timide se modifient toujours dans le sens de la glorification personnelle.

« Ce « moi » du timide devient un dieu dont l'autel est son cœur.

« C'est là qu'il se réfugie aux heures d'humiliation, et ce culte est la source du faux amour-propre qui le pousse à exagérer sa valeur au détriment de celle d'autrui.

« Celui qui, au contraire, est conscient des qualités qu'il est prêt à arborer et à défendre, rejette cette tendance à l'admiration de soi-même et se juge de la façon la plus impartiale qui lui est possible.

« Il estime qu'une critique sévère lui est précieuse, pour acquérir une parfaite connaissance de ses aptitudes et réunir ses efforts du côté où il lui semblera plus facile de les exercer.

« Comme il sait s'avouer ses faiblesses, il reconnaît de bonne foi les échecs subis, en prévient le retour et change, au besoin, l'orientation de son énergie, s'il craint de s'être engagé dans une voie sans issue.

« Au lieu de s'isoler et de se draper dans une fausse dignité, s'il est réellement pénétré de la conscience de sa valeur et s'il reconnaît ses fautes, il cherchera à s'épancher en tenant compte des avis qui lui paraîtront sages.

« Et c'est froidement, posément qu'il discutera sans se laisser aller à cette impressionnabilité qui rend le timide partial et buté.

« Il est un principe certain, c'est que celui qui se prise beaucoup plus ou beaucoup moins que tous les autres ne peut pas songer à conquérir la fortune : dans le premier cas, il est aveuglé par la suffisance; dans le second, il se croit dans un état d'infériorité qui l'éloigne de toute émulation.

« C'est en étudiant ceux qui occupent les premiers rangs qu'il est plus facile d'établir des comparaisons; il est rare que l'homme le plus puissant ne présente pas quelque point défectueux, et cette constatation doit être un encouragement pour l'homme conscient de sa propre valeur.

« On ne doit pas oublier que la défiance de soi-même est l'ennemie de toute initiative; c'est l'obstacle à l'accomplissement de toute œuvre, car il est impossible de rien réussir si on ne l'entreprend pas avec la conviction du succès.

« Donc si, après certaines comparaisons, on a pu se persuader que son propre mérite égale celui de ceux qui sont arrivés à de brillantes situations, il faut tenter avec confiance l'épreuve de laquelle dépend la fortune future, sous quelque forme qu'elle se présente.

« Si, au contraire, on constate, après un examen impartial, que la science et les aptitudes qu'on se connaît n'atteignent pas au même degré que chez ceux qu'on prend pour modèle, bien loin de se décourager, il faudrait, au contraire, travailler à les acquérir, tout en conservant jalousement les autres avantages qu'on pourrait avoir sur eux.

« Puis, il n'est pas toujours nécessaire d'imiter les grands hommes pour devenir célèbre à son tour.

« Il est bon, au contraire, de conserver sa personnalité en même temps que les vertus qui nous sont familières, et quelquefois aussi de légers défauts qui, bien canalisés, peuvent devenir des moyens de réussite.

« Est-ce que tous les fruits ont le même goût et le même aspect ?

« Si certains d'entre eux ont une écorce rugueuse, n'est-ce pas pour mieux défendre leur cœur ? Et si quelques autres sont amers, ne renferment-ils pas en eux le baume calmant dont les effets bienfaisants se dérobent sous cette amertume ?

« L'important est de mettre en garde les parents et les éducateurs contre la stupide coutume de rabaisser les enfants à leurs propres yeux, sous le prétexte de les préserver d'orgueil.

« Quand voudra-t-on comprendre que l'orgueil bien dirigé peut évoluer vers de grandes choses, tandis que l'humilité ne sera jamais en mesure de les réaliser ?

« Il ne faut pas parler ici de cette humilité à grand fracas, pratiquée ouvertement, et qui n'est qu'une autre forme d'orgueil ; il est question seulement de l'effacement volontaire causé par cette défiance de soi-même maintenant ceux qui la pratiquent dans une véritable infériorité.

« On ne saurait donc trop blâmer ceux qui élèvent les enfants en leur disant : « Tu es sans esprit » ! ou : « Tu es laid ! »

« Quand même ce serait l'expression de la pure vérité, il faudrait craindre, au contraire, de développer chez les jeunes êtres la conviction de leur amoindrissement physique ou moral.

« Il y a peu de personnes qui soient dépourvues de tout avantage. Chez les gens les plus disgraciés un détail est parfois charmant.

« De même chez ceux qui sont presque complètement dénués d'intelligence, une faculté est souvent très développée au préjudice des autres.

« C'est ce détail, c'est cette faculté qu'il faudra mettre en valeur, quitte, si la vanité s'en mêlait, à faire discrètement remarquer que tout le reste est loin de la perfection.

« Au lieu de dire à un enfant : « Tu es laid ! » il est sage, au contraire, de lui cacher cette laideur dans le cas où elle existerait réellement, car la conviction d'être moins bien que les autres peut déterminer en lui une gêne créée par la honte de l'infériorité.

« Celui qui se sait « laid » ne se meut pas dans le monde avec le même aplomb qu'un autre. Et pour peu que l'envie, presque inséparable d'un pareil aveu, vienne s'interposer, il grossira sous peu la masse des timides envieux dont nous avons conté les souffrances.

« Cette mauvaise compréhension du traitement préventif de la vanité devient encore plus blâmable lorsqu'elle s'adresse à l'intelligence.

« J'ai connu un enfant dont l'esprit, évidemment peu développé, s'était encore atrophié sous l'influence de trop sincères critiques.

« Il était trop faible pour qu'on puisse songer à lui inculquer les principes de l'art de la guerre, et il passait ses jours dans l'ambiance de l'indifférence, mêlée d'un peu de mépris, que lui témoignaient tous les siens.

« En errant par les jardins il chantonnait et rêvait, sans s'appliquer à rien, sa famille l'ayant déclaré impropre à tout travail.

« Je m'intéressai à lui, d'autant mieux que je voyais en ce petit une victime du préjugé qui enlève aux créatures le sentiment de ce qu'elles pourraient valoir, en leur inculquant l'abnégation, c'est-à-dire l'interdiction de tout effort.

« Je sus me familiariser avec lui ; sans l'effaroucher j'arrivai à le faire parler. Nos conversations étaient peu compliquées : les fleurs du jardin, les papillons en faisaient tous les frais.

« Un jour, je lui dis :

« — Puisque vous aimez les papillons et les fleurs, pourquoi n'apprendriez-vous pas leur histoire ?

« Il me regarda effaré :

« — Je ne puis rien apprendre, dit-il, mes parents ont dit que c'était du temps perdu et que j'étais trop bête.

« — Voulez-vous essayer ?

« — Je ne sais pas.

« A ces mots, un papillon diapré vint se poser sur un grand lis : l'enfant me saisit la main :

« — Il est beau, dit-il, avec admiration.

« J'entrepris alors de lui parler de la transformation de la larve en un brillant insecte.

« L'enfant m'écoutait passionnément.

« Après quelques semaines d'entretiens journaliers, j'avais obtenu de lui qu'il étudiât dans des livres les choses que je lui contais. Je l'encourageai en applaudissant à ses connaissances toutes neuves et je parlai de lui « devant lui » en vantant son savoir.

« Ce jeune déshérité s'accoutuma peu à peu à ne plus sentir le poids de son insignifiance ; il fit volontiers parade de ce qu'il avait appris et il connut le miel de la louange.

« Il est devenu un naturaliste des plus distingués, et les parents qui le méprisaient autrefois sont fiers de lui maintenant.

« A quoi a tenu cette métamorphose ? Au sentiment de la conscience de sa valeur que j'avais su inculquer au petit être, persuadé de son incurable nullité.

« Ceci devient plus délicat lorsqu'il s'agit de défauts physiques indéniables.

« C'est alors qu'il faut songer surtout à développer les qualités de l'esprit et à cultiver le champ des connaissances de toutes sortes ; de telle façon que l'enfant devenu homme soit si bien rempli par la conscience de sa valeur morale, que celle des tares physiologiques ne puisse en rien altérer sa sérénité.

« Il est toujours coupable de dérober aux enfants la connaissance de leurs mérites ; il est des cas où cet acte, basé toujours sur un sentiment étroit, peut devenir criminel. »

Plus près de nous, Stendhal n'a-t-il pas dit que « la tristesse de celui qui ne connaît pas le monde n'est que la lâcheté de celui qui désespère de réussir » ?

Pourquoi donc fermer à un être les portes de ce même monde en lui refusant la clef qui les ouvre toutes grandes : la conscience de sa propre valeur ?

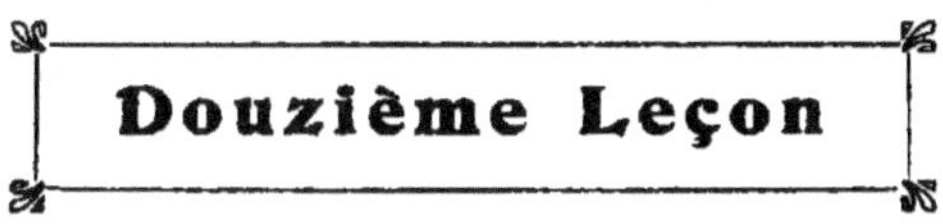

Douzième Leçon

La vraie attitude.

Une remarque nous frappe, parmi celles que nous aimons à recueillir dans l'œuvre si touffue et si profondément humaine de Yoritomo :

« L'attitude, plus que le visage encore, dit-il, révèle l'état de l'âme. »

Et il ajoute :

« C'est pourquoi l'attitude du timide est toujours empreinte d'une gaucherie, indice du manque de sincérité qui le caractérise, car il est rare que ses paroles soient l'expression pure de ses sentiments.

« La franchise des pensées donne seule aux mouvements qui la commentent l'aisance que nous prisons par-dessus tout.

« Cette grâce de l'attitude ne peut être réalisée par les timides ; en voici la raison :

« Le geste précède toujours la parole, car il est parallèle à l'impression reçue.

« Or, cette impression étant, dans l'état qui nous préoccupe, d'une mobilité et d'une instabilité extrême, les mouvements qui doivent la rendre ne peuvent être que discordants et brisés.

« Il est aisé de se rendre compte de cette observation lorsqu'on écoute des acteurs qui ne sont pas rompus à toutes les finesses de leur art.

« Comme ce qu'ils disent est seulement la représentation d'un sentiment qui n'est pas né en eux, ils le ponctuent par des gestes qui suivent les mots au lieu de les devancer, ainsi qu'il arrive dans la vie réelle.

« C'est là surtout qu'il faut chercher l'explication de l'attitude que l'on retrouve chez tous les gens timides.

« Est-ce à dire que les fanfarons soient plus véridiques dans leur maintien apparent et que leurs façons soient moins empruntées ?

« Point. Celui seul qui sait allier une sage réserve à la maîtrise de soi-même a assez d'empire sur lui pour adopter une attitude sincère dont il ne se départira pas, car elle lui est naturelle.

« Il faut bien se garder aussi de tomber dans l'écueil familier à tant de timides qui, en public, pour se tirer d'embarras et se composer une attitude, prennent celle de la froideur exagérée.

« Ils s'imaginent ainsi dissimuler leurs émotions et échapper au martyre des contacts.

« Quelques-uns d'entre eux pratiquent, ou font semblant de pratiquer une silencieuse ironie ; un sourire railleur leur semble la réponse facile à tous les arguments.

« Ces façons, qui leur permettent de se composer une contenance, ont pour beaucoup de timides l'avantage de se donner le temps de réfléchir et de construire une phrase.

« Il est vrai que, lorsque cette phrase est péniblement préparée, il est rarement temps encore de la placer ; la conversation s'est déroulée et l'opportunité de la remarque qu'ils ont si laborieusement échafaudée ne s'impose plus depuis longtemps.

« Pour certains autres, ces diverses manières d'être n'ont qu'un avantage, c'est d'éviter la réflexion que leur esprit, dénué de virilité, n'a pas accoutumée à venir à leur premier appel.

« Il est encore des timides qui adoptent l'attitude de la

douceur affectée et de la politesse obséquieuse ; ils ne savent ni contredire ni railler et approuvent tout sans aucun jugement.

« Ceux-là sont surtout de la race des humbles ; ils vivent dans la crainte perpétuelle de déplaire et sont inquiets de l'opinion de tous.

« Sont-ils plus sincères ? Certes non, car tout dans leur contenance indique la gêne et l'artifice.

« Ce timide qui semble confit dans son humilité est souvent un révolté. Cet autre, qui se promène à travers la vie la tête inclinée et les yeux baissés, prend tous les autres en pitié parce qu'ils ne réalisent pas l'idéal qu'il s'est créé et qu'il est, du reste, incapable lui-même de représenter.

« Mais de cela les timides conviennent difficilement vis-à-vis d'eux-mêmes. Comme, dans leur vie intérieure, ils sont nantis de toutes les audaces, ils méprisent ceux qui ignorent les actes mirifiques dont ils sont capables en rêve.

« Exempte de franchise encore est l'attitude des timorés. Ceux-là sont enclins au mysticisme, non pas tant par conviction ou besoin d'idéal, que par crainte des châtiments de l'autre monde.

« Ils se sont organisé une existence de lièvres et tout ce qui vient la déranger, sous forme de distraction ou de chagrin, les effarouche au même titre.

« Comme le lièvre redoutant l'approche du chasseur, ils craignent tout ce qui peut apporter un événement dans la piteuse succession de leurs jours, et le moindre incident les ébranle profondément.

« Ils sont toujours pessimistes et présentent cette particularité d'être peu touchés d'un grand bonheur, tandis qu'ils sont consternés de la moindre contrariété.

« C'est à grand tort qu'on les confond avec les modestes, qui, eux aussi, forment une variété dans l'ordre des natures dénuées d'énergie.

« Le modeste, dont tant d'écrivains ont, à tort, célébré la

vertu, a parfois une grande valeur personnelle, mais cette valeur reste le plus souvent inconnue, et c'est ce qui le rend blâmable, car, dans l'intérêt général, personne n'a le droit de laisser improductive la force qu'il porte en lui.

« Mais les humbles ne peuvent être l'objet d'un pareil reproche; s'ils sont humbles, c'est en général que rien en eux n'est saillant; leurs facultés sont affaissées et ternes comme leur intelligence et leur personne, tandis que leur attitude est l'image de leur amoindrissement.

« La réserve, le calme, le sang-froid, tous ces attributs d'une énergie consciente de sa force, sont donc les qualités qui doivent se traduire dans l'attitude de celui qui possède cette vertu.

« Les mouvements inspirés par un raisonnement lucide, se trouvant toujours d'accord avec la pensée, constitueront cette eurythmie du corps que nous prisons surtout parce qu'elle traduit celle de l'âme.

« L'homme fort ne doit être ni trop exubérant ni trop taciturne; il ne sera ni apathique ni turbulent; il évitera d'être obséquieux et se gardera de l'irascibilité.

« La pondération sera la règle absolue de sa conduite; cette vertu, accessible seulement aux adeptes de l'énergie, régira ses pensées, réglera ses impulsions et disciplinera ses mouvements, éveillant ainsi l'idée d'une complète harmonie de son attitude physique, véritable reflet de son attitude morale. »

Comme on le voit, d'après les préceptes du vieux Shogun, la vraie attitude, celle qui doit être l'objet de tous les efforts, n'est que la conséquence directe d'un état d'âme très sain, qui se manifeste à l'extérieur.

C'est la marque indéniable à laquelle on reconnaît tous les adeptes de l'énergie, c'est-à-dire tous ceux qui, libérés des défaillances, attributs des timides, ont entrepris cette marche vers le mieux, dont Yoritomo nous conte les péripéties dans un de ces apologues qui lui sont familiers.

« Des hommes, dit-il, étaient partis de conserve pour entreprendre un voyage dont le but était un pays merveilleux ; nombreuse était leur troupe dès le départ, mais à peine quelques jours s'étaient-ils écoulés que les rangs s'étaient déjà singulièrement éclaircis.

« Certains d'entre eux, les timorés, qui s'étaient encombrés du bagage des scrupules inutiles, avaient succombé sous le poids de leur charge.

« D'autres, les timides, s'étaient effarouchés des difficultés qui leur imposaient une initiative douloureuse.

« Les modestes, après quelques jours de marche, étaient restés en arrière, de peur d'attirer les regards, et on commençait déjà à ne plus s'en préoccuper.

« Les apathiques, fatigués de l'effort, s'étaient couchés dans les fossés bordant la route et épuisaient lentement leurs provisions de voyage, sans s'inquiéter de l'instant où elles viendraient à manquer.

« Les fanfarons et les outrecuidants, après avoir témoigné d'un enthousiasme fougueux, s'étaient repliés dès les premiers dangers.

« Les envieux, au lieu de chercher à égaler le courage de ceux qui marchaient en tête de la colonne, ne cherchaient qu'à leur susciter des obstacles dans lesquels ils trébuchaient les premiers.

« Les téméraires avaient été décimés par leurs inutiles imprudences.

« Si bien qu'après des jours et des nuits, une poignée d'hommes seulement atteignait l'Éden, but de leur course.

« Ces hommes étaient les disciples de l'énergie, ceux auxquels cette vertu avait donné l'audace, l'ambition, le sang-froid et la maîtrise de soi-même nécessaires pour vaincre les périls et au besoin les conjurer, ceux qui par leur maintien calme et digne avaient su imposer à leurs compagnons, devenus bientôt leurs disciples, le sentiment de la valeur, dont ils étaient eux-mêmes profondément pénétrés. »

La vraie attitude est donc celle que donne la pratique d'une volonté bien assouplie, victorieuse de la timidité.

Elle découle toujours d'une noblesse d'âme qui porte en elle sa récompense, car c'est par cette noblesse, ennemie de la timidité, que nous pouvons acquérir la sérénité, ce don enviable entre tous, puisqu'il nous fait proches du Bonheur en nous donnant la possibilité de discerner la Beauté sommeillant dans les choses.

TABLE DES MATIÈRES

3069. — TOURS, IMPRIMERIE E. ARRAULT ET Cⁱᵉ.